中小学名师指导系列丛书

进阶与境界：
思政课教师教育叙事研思

张小发 袁成 著

西南交通大学出版社
·成都·

图书在版编目（CIP）数据

进阶与境界：思政课教师教育叙事研思 / 张小发，袁成著. —成都：西南交通大学出版社，2020.7
ISBN 978-7-5643-7498-3

Ⅰ. ①进… Ⅱ. ①张… ②袁… Ⅲ. ①思想政治教育 – 教学研究 – 高等学校②政治课 – 教学研究 – 初中 Ⅳ. ①G641②G633.202

中国版本图书馆 CIP 数据核字（2020）第 119260 号

Jinjie yu Jingjie: Sizhengke Jiaoshi Jiaoyu Xushi Yansi

进阶与境界：思政课教师教育叙事研思

张小发　袁　成　著

责任编辑	赵玉婷
封面设计	原谋书装
出版发行	西南交通大学出版社 （四川省成都市金牛区二环路北一段 111 号 西南交通大学创新大厦 21 楼）
邮政编码	610031
发行部电话	028-87600564　028-87600533
网址	http://www.xnjdcbs.com
印刷	四川煤田地质制图印刷厂
成品尺寸	170 mm × 230 mm
印张	10.5
字数	215 千
版次	2020 年 7 月第 1 版
印次	2020 年 7 月第 1 次
定价	68.00 元
书号	ISBN 978-7-5643-7498-3

图书如有印装质量问题　本社负责退换
版权所有　盗版必究　举报电话：028-87600562

序言

百年大计,教育为本。教育兴则国家兴,教育强则国家强。教育是国之大计、党之大计。党的十八大提出"把立德树人作为教育的根本任务,培养德智体美劳全面发展的社会主义建设者和接班人"。党的十九大报告中指出:"要全面贯彻党的教育方针,落实立德树人根本任务,发展素质教育,推进教育公平,培养德智体美劳全面发展的社会主义建设者和接班人。"在全国教育大会上,习近平同志指出,我国是中国共产党领导的社会主义国家,这就决定了我们的教育必须把培养社会主义建设者和接班人作为根本任务,培养一代又一代拥护中国共产党领导和我国社会主义制度、立志为中国特色社会主义奋斗终身的有用人才;要把立德树人融入思想道德教育、文化知识教育、社会实践教育各环节,贯穿基础教育、职业教育、高等教育各领域。落实好立德树人这一根本任务,回答好"培养什么人、怎样培养人、为谁培养人"这一根本问题,这是教育活动的原则,是每一位教育者的追求。

思政课是落实立德树人根本任务的关键课程,思政课作用不可替代。要理直气壮开好思政课,用新时代中国特色社会主义思想铸魂育人。办好思想政治理论课关键在教师,思政课教师队伍责任重大。思政课教师要充分发挥积极性、主动性、创造性,给学生心灵埋下真善美的种子,引导学生扣好人生第一粒扣子。

思政课教师落实立德树人根本任务有着先天性优势,能有效实现课程育人、活动育人、管理育人、文化育人、实践育人、协同育人的结合,进而引导学生增强中国特色社会主义道路自信、理论自信、制度自信、文化自信，厚植爱国主义情怀，把爱国情、强国志、报国行自觉融入坚持和发展中国特色社会主义事业、建设社会主义现代化强国、实现中华民族伟大复兴的奋斗之中。

  本书由高校思政课教师和中学思政课（道德与法治）教师共同完成，主要展现了中学思政课（道德与法治）教师在教育教学活动中所面临的真实情境。本书力图将老师面临的学生情况从更宏观、更完整的视角进行分析，进而提示教师可以多角度、多渠道、多形式地开展教育活动。

  培养德智体美劳全面发展的社会主义建设者和接班人是党和国家的要求，也是新时代教育者的价值体现。教育者要遵循教育规律，提高师德水平和业务能力，提升对学生、教学的研究水平，加强教育实践，对学生进行精心启发和引导，增强教师教书育人的荣誉感和责任感。

张小发 袁成
写于蓉城

- 第一篇　站在新起点——求索思政之路　/001
  - 你的担当就是班级力量　/002
  - 特别的爱给特别的你　/008
  - 坚持让你与众不同　/016
  - 一颗十八万的牙齿　/020
  - 抑郁之后……　/030
  - "冤枉"中明事理　/038

- 第二篇　拓展新思路——探寻思政之理　/045
  - 开启转校生的精彩人生　/046
  - "一米"是最美的尺度　/051
  - 爱不是规则下的"捆绑"　/055
  - 不抛弃不放弃　/060
  - 被学校通报之后……　/065
  - 了解比责备更重要　/070

- 第三篇　迈向新征程——彰显思政之力　/075
  - 学生对老师的爱很简单　/076
  - 每个孩子都是"头条"　/081
  - 手机带来的诚信合约　/085

老师对你是真的 /094
"校园欺凌"之下…… /102
明天再来教育你 /113

- 第四篇　实现新目标——印染思政之色 /117

  教学活用巧用"小栏目" /118
  教学重视心理健康教育 /132
  教学坚持以生为本 /140
  教学需要灵活多变 /146
  教学改变"不可能"…… /151
  教学留给更有准备的你 /155

- 课题阶段性成果 /160

- 后　记 /161

第一篇 站在新起点
—— 求索思政之路

　　当清晨的第一缕阳光,穿过薄雾、透过树叶,洒向教室每个角落,新的一天便开始了。每一天都是新的起点,每一次变化都是新的起点,每一点进步都是新的起点,每一个荣誉都是新的起点,每一步都是新的起点……"路漫漫其修远兮,吾将上下而求索。"人生的奋斗之路没有终点,任何时候都是一个新的起点;一节课的结束是新一节课的开始。

　　思政课教师要站在新的起点上求索思政之路。每一次求索都是新的,都会有不同的感受;每一次出发,都是为了迎接更和煦的阳光。只盼"风雨送春归,飞雪迎春到"。

你的担当就是班级力量

【写在前面的话】

"天下兴亡,匹夫有责""苟利国家生死以,岂因祸福避趋之"……这些是我们耳熟能详的名言,它们体现出一种责任,展现出一份担当。懂得担当,才能收获成长。作为教育者,我们要培养出德智体美劳全面发展的社会主义建设者和接班人,这必然离不开对学生担当精神的培养。在工作第十年时,我接手了第四届初一的学生。为了激发学生的主人翁意识,提升学生对班集体的担当意识,我都会给学生搭建自我展示的平台,这一届也不例外。班级绝大部分孩子陆陆续续都有了担当,而小张却"没有担当",小张究竟怎么了?我们该如何更好地挖掘和诠释担当,进而让学生学会担当、懂得担当、敢于担当、勇于担当?

【教育事例呈现】

在工作第十年时,我接手了第四届学生。为了激发学生的主人翁意识,提升学生对班集体的责任意识,我都会给学生搭建自我展示的平台,这一届也不例外。

1. 学生自寻担当

开学第一天,我通过有关担当的故事和上几届学生的成长案例来鼓励班级学生自主寻找担当,以实现班级人人有担当、人人有事做。同时,与学生达成共识:担当无论大小,担当不是职务,担当不是"当领导",担当就是承担具体的职责。

在这次教育活动中，同学们热情高涨，积极参与，班级绝大部分孩子陆陆续续都有了担当。

在 9 月中旬，我打算组织一次班会课，对入校以来的担当活动进行总结。结合开学以来的学生担当情况，我能预想到的情况是：各位同学及时总结自己职责范围内的工作，有自我表扬和自我批评的，有表扬他人或提醒他人的……班级呈现一股纯正之风，班级正能量集聚。

2. 小张"无"担当

我知道刚建立的班集体，肯定有不完善的地方，肯定需要教师和学生进一步去改进。就像我一直担心的小张同学一样：小张同学还没有担当具体职责；在半个月的班级生活中，没有看到她对班级做过什么贡献；在前一次的班会课中，其他同学没有提到过她为班级做了什么事情。

她究竟有无担当？是因为性格、家庭或其他原因使她不知道如何担当以致缺乏关心同学、热爱集体的行动，还是她本身不愿或无法担当？这些问题，从第一次接触小张后，我就在思考。

正当我在思考本次班会课如何改进学生担当情况、如何帮助小张学会担当之时，一条既在意料之中、又在意料之外的微信消息发送了过来。

3. 小张担当交流

"袁老师，一周又过去了，不知道放学没有。我看咱们班的每周班级动态，好像这么久没看到同学表扬小张啊！小张是不是做得很差啊？"可以看出，小张妈妈有些疑惑和焦虑。

"小张妈妈，小张刚入学不久，我们都在努力寻找小张的优点。特别是为同学们、为班集体服务和奉献的事儿，我也希望抓住一些事件作为教育契机。"我进行了快速回复。

"每周周末放学回家，她都会给我说她为班级、为同学做了哪些事儿，怎么从来没听到其他同学对她的表扬或您的肯定呢？"小张妈妈很疑惑，也有点质疑。

看到小张妈妈的回复后，我感到很诧异。之所以诧异，不是因为小张妈妈信息中体现出的质疑或者不尊敬，而是因为通过这半个月与小张妈妈的交流，我能确信小张妈妈所说的小张同学在学校的担当是真实存在的，但为什么我没有发现呢？为什么我没有及时有效地抓住教育契机，却要小张妈妈来反馈呢？我在这半个月的教育中究竟遗漏了什么？是因为自己开学太忙只关注到了重要角色的担当还是其他原因？

亡羊补牢犹未迟也，我曾经遗漏了一个教育契机，不能再让这次教育的契机溜走。我迅速拨打了小张妈妈的电话，向小张妈妈反映了自己在校期间所看到的小张同学的担当表现，以及班级学生对小张同学的看法，并向小张妈妈询问小张同学向其叙说的在校担当事宜。与张妈妈沟通后，小张妈妈也明白了一些。

小张妈妈谈到，小张在成长过程中常常做"小事情"，她每次谈到的为他人、为班级做的事也基本都是小事。比如："本周二课间操时，孩子上厕所看到拖把倒了，她说她及时扶了起来；看到洗手台有点脏，她很快用帕子擦了一下。她说那是自己班负责的工区，虽然不该她打扫，但她顺手就做了，没必要到处说她为班级做了什么好事……"突然，我想起了当时的情况，大家在排队时，唯独小张晚了一点点，原来是小张同学在做所谓的"小事情"，而我当时差一点对小张同学进行批评。我继续让小张妈妈给我讲述小张同学的担当，并一一记录下来，在通话中也向小张妈妈表达了对小张同学的高度肯定。

通话结束后，再看我记录下来的关于小张同学的担当，我顿时心里很愧疚。多好的一个孩子啊！而我却没有发现小张同学在细微之处关爱他人、关心集体的行为。

4. 肯定小张担当

班会课如期进行，在同学们总结完毕后，我想是时候在公开场合谈谈小张同学了。于是，我话锋一转，"在今天的班会课里，大家都总结了自己的担当，谈到了他人的担当，大家都很棒，都为班集体、学校奉献出了自己的力量，就不一一表扬了。但我在这里要表扬一位女同学，她为我们班做了很多事儿，可是我们可能因为一些原因没有发现。大家觉得是谁呢？"同学们抑或是心照不宣，抑或是心有灵犀，最后大家都将注意力集中在了小张身上。

"是的，就是小张同学。"我加重语气，微笑着看着小张同学。我将小张同学近期为班级所做的事儿一一向大家呈现，学生中有沉思回想的、有疑惑不解的……最终，在同学们一阵阵掌声中，小张同学都有些不好意思了。

此时，我对小张同学进行"采访"。"小张同学，你为班级做了这么多好事，为什么都不给我们说说呢？我想同学们也都很想听听小张你内心的声音，给我们大家说一说，好不好？"

"一开始，我确实没做什么。但看到和听到同学们为班级做事、为班级着想，我也慢慢试着去做。只是我觉得我做的都是小事，而这些小事不值一提。还有，我觉得只要我有心为集体做事，不一定要让大家知道，可能和我性格有关吧。"小张同学很坦然地说道。

同学们对小张同学的话语很有感触，也各自表达了对小张同学的夸赞。班长小李还说我们要多留心身边的同学，可能还有与小张同学类似的同学，他们默默地在为班集体做事。

5. 反思小张担当

小张同学这件事，对我启发很大。作为老师，我们很多时候是在自己亲眼看到学生行为后才给予认定和肯定，进而判断学生是否热爱集体和关心集体，但这不一定完整、科学。正如小张同学一样，她不是不爱集体，她也在尽其所能地为班集体服务，她只是希望默默地为集体做事，而我们此时可能会给她扣上一顶不爱集体的帽子，这无疑会深深地伤害小张同学。类似的事情可能还有很多。在今后的教育工作之中，我们需要引导学生多留心生活、留心身边的同学，多发现细微之处，更好地引导学生融入集体、关心集体和热爱集体。

【教育事例剖析】

马克思曾说过："作为确定的人，现实的人，你就有规定，就有使命，就有任务，至于你是否意识到这一点，那是无所谓的。这个任务是由于你的需要及其与现存世界的联系而产生的。"在个人生命进程与社会发展交融的过程中，个人应具备高度的担当精神。在新冠肺炎疫情防控过程中，有我们最美丽的白衣天使，有我们最可爱的志愿者，有我们最亲近的共产党员……每一位中华儿女自觉担负起责任，在这场没有硝烟的战争中战斗。"幸得有你，山河无恙！"

有人说：成大事者不拘小节；有人说：于细微处见精神。每位学生都是班集体的一员，与班级学生交朋友，同班集体共同成长。在为班集体服务的过程中，有的学生做"大事"，有的学生做"小事"；有的同学"正在做"，有的同学"已完成"，有的同学"尚未做"；有的同学做着"显性"的事情，有的同学做着"隐性"的事情；有的同学"敞开做"，有的同学"悄悄做"；有的同学直接参与，有的同学间接支持……这里面是否有一个曾经的"我"？"我"以不同的方式去实现担当，服务集体，实现价值。作为老师，应当多角度、多方面看待学生在班集体中的角色、贡献，用真情对待学生的真心。

思政课教师可以结合课程内容，以班集体建设为主题，开展教学活动，来展现学生为班集体服务的事迹。《道德与法治》（七年级上册）第二单元"友谊的天空"，在课程教学中会涉及班级同学间的交往；第三单元第六课"师生之间"，在课程教学中会涉及师生间交往；尤其是《道德与法治》（七年级下册）第三单元"在集体中成长"，该单元以三课六框的篇幅来论述"我与集体"的话题。在具体教学中，思政课教师可根据学生真实的学情，对学生在班集体中的表现进行深入剖析、归纳总结、提出要求，进而帮助学生在担当中成长。

同时，当个人离开班集体，融于社会之中，在社会发展之中实现自我价值时，思政课教师可以结合九年级下册第三单元"走向未来的少年""我的毕业季""学无止境"进行教学。可以结合人才市场招聘条件、上岗继续学习提高等素材进行引导，让学生认识到学习应该成为我们的一种生活方式，一方面要学习新知识，另一方面还要重视社会实践，培养综合能力，树立终身学习的理念，才能更好适应不断变化的社会。在第二课时"多彩的职业"中，教师可以从学生在学校的各种担当引申到就业中对劳动者敬业精神的要求开展教学活动，不仅帮助学生认识到初中阶段在班级、学校中的各种担当是一种学习，也是对个人综合能力的培养，让学生在担当中更有责任心，而且引导学生在以后的社会工作中热爱自己的职业，尽心尽力地履行岗位职业要求，勤勤恳恳、兢兢业业，不断创造人生价值，实现人生目标。

孙中山先生曾说："惟我辈既以担当中国改革发展为己任，虽石烂海枯，而此身尚存，此心不死。既不可以失败而灰心，亦不能以困难而缩步。精神贯注，猛力向前，应乎世界进步之潮流，合乎善长恶消之天理，则终有最后成功之一日。"教育发展如此，学生成长亦如此。

特别的爱给特别的你

【写在前面的话】

每个教师在职业生涯中，或多或少都会遇到"特殊"的学生，比如单亲家庭的学生，这些孩子更需要老师"特别"的关注和关心。在面对"特殊"学生小姚时，我对小姚的情况进行综合分析，包括家庭情况、性格、人际关系、学习成绩和入校离家等情况，做到全方面分析、查找问题所在。进而，我采用倾听、心灵本沟通（个体）、班会（群育）、学生导师、教师导师、家校联系等多种方式，联动更多人的力量帮助小姚走出阴影，慢慢地润泽了这个孩子。

【教育事例呈现】

小姚，女，13 岁，性格比较外向、活泼和开朗，学习成绩正在不断提升，这或许是我们认为比较"理想"的学生，但她以前的情况有些特殊。

1. 情况"特殊"的小姚

小姚二年级时，父母离异，父母在重组家庭后，各自去往外地做生意，无暇顾及孩子的学习和生活，小姚长期与爷爷奶奶一起生活。由于缺乏父爱和母爱，她的内心比较孤独。

由于爷爷奶奶年龄较大，同时爷爷奶奶考虑到家庭情况，对她较为溺爱，管理得比较松散，造成她在和爷爷奶奶共同生活的过程中，心思涣散、强势、自私，学习成绩下滑。

小姚小学在县城的一所公办学校读书，五六年级开始就有"早恋"迹象，注重打扮自己，心思不在学习上，更是把与同学之间的好感误认为"爱情"。小姚父母发现孩子的不良倾向后，在小姚小升初时让其报考我校，希望小姚能考入我校，在我校健康成长。

2. 有"想法"的小姚

第一个星期，通过与小姚的接触，我发现她脾气暴躁，以自我为中心，不善于倾听他人的批评和建议，比较散漫，学习成绩不佳，特别是数学和英语。

第二周周末，她欺骗母亲说想参加学校的全托生生活（即学生周末可以不回家），并得到了母亲同意。但第二周周末，她实际上并不在学校，也没有回家，而是去了外地玩。最后，经过老师、家长和同学帮忙才找到了她。后来得知，她认为父母对她从小未尽到教育和关心照顾的责任，对父母比较怨恨，不想回家，以此来报复和打击父母。

3. 希望你们多关注我

孩子回校后很害怕，一是怕学校会给她处分，二是怕老师和家长批评，三是怕老师和同学异样的眼光。但我们若不采取一定的惩罚手段，便不能很好地挽救这个孩子。于是，我对学校领导和她父母说，先让我与她沟通一下，再说后面的事情。

该生来到办公室与我单独交流，我给孩子倒了一杯热水，让她暖暖身子。

孩子连忙站起来，说："袁老师，我来吧。"

但我执意给她倒水，我说："你坐，你平时对老师都很敬重，老师也应该同样对你啊！"孩子很惭愧地低着头。

我说："小姚，你知道吗？我们大家都很关心你、担心你，当袁老师知道你不在学校又没有回家时非常着急，我当时想要尽我所能找到你，因为你是我的学生。"

孩子打断了我的话："老师，对不起，对不起，我不该这样……"这时，我知道其实孩子心里已经很愧疚了。

我说："小姚，你进校以来，一直把袁老师当成哥哥，说我是你遇到的最好的老师,今天作为大哥哥,我想成为你的听众,你能说说究竟是怎么一回事吗?你别担心,也别害怕,老师会帮助你的。"

当小姚听到这些话时,眼泪流了下来,我轻轻地为她擦去眼泪,这些细节慢慢地打开了她的内心。她开始把自身的经历、家庭情况及父母重组家庭后对她的态度全部说了出来。我中途未打断她,只是作为一个听众倾听,让她把所有的不快都说出来、发泄出来。

她的一句话让我很动容:"其实,我只是希望你们多关注我,我希望你们多爱我一些。"

4. 原谅我们默默爱你

等孩子发泄完对父母的不满后,我没有直接教育她,而是把她消失的那段时间所发生的一切告诉她。

"爸爸妈妈知道你不在学校后,第一时间给我打了电话,我立即问了本班同学和家长,大家都在想尽办法寻找你。你爸爸还开车去了老家,但你不在;你妈妈在家里等候,彻夜未眠;我随时与你父母保持联系,互通消息,也与本班和你要好的同学和朋友保持联系。你知道我们为什么会那样紧张和担心吗?因为我们爱你。"这时,她再次落下眼泪。

"爸爸妈妈一直都很爱你,他们知道给你带来了伤害,心里很愧疚。所以,他们都各自勤奋努力挣钱,让你吃好穿好,还让你来我们学校,接受更好的教育,这一切都是他们默默地为你做的事情。他们平时没有给你说明为什么与你相处的时间不多,那是因为想给你提供更好的学习和生活环境。他们平时和老师的联系很频繁,经常向我了解你在学校的学习情况和生活情况,向我了解你与同学、老师的相处情况等,同时还希望我们老师多多帮助你和关心你呢!"

"小姚,或许爸爸妈妈是有错,但作为子女也不能这样任性地离家出走,让那么多一直爱着你的人担心和焦虑,万一你出了什么事,岂不是让大家都很难过?你觉得呢?"小姚把头低下了。

这时,我让她爸爸妈妈进来。爸爸妈妈进来了,小姚扑上去抱住他们痛哭,一直对爸爸妈妈说对不起。父母也一直说:"是我们不对,请女儿原谅我们。"

5. 特殊情况特殊引导

【主题班会】

在后面的学习过程中，针对小姚的特殊情况，我对小姚有了更多的关注和更深的认识。

进入青春期后，初中学生在生理和心理上迅速发育，开始对异性产生好感，加上学生长时间缺乏家庭的关爱，极易造成学生通过其他途径来寻找"依靠"，获取关爱。为了更好地引导处于特殊年龄阶段的孩子们，特别是小姚，我有意识地开展了"原来你不是我想要的"主题班会。

这个题目给了孩子们很多悬念，我一步一步地深入，同学们在不知不觉中明白了原来这是在引导他们正确看待早恋。

我给同学们讲了一个故事——"败给时间的初恋"。该故事主要描述了女主人公回忆从初中到大学这段时间的历程，其中不乏对早恋的深刻认识，比如从"情窦初开"到"少女情怀"，从"青春期爱情抑郁症"到"成熟选择，智慧付出"，等等。这让同学们目光凝视、若有所思。

随后，我请同学们来说说听完这个故事后的感受。同学们议论纷纷，如"秋天的果实不要在春天采摘，否则会尝到苦涩的滋味""人生关键时期还是应做最重要的事情，有的事情可以留在内心，等适当时候表达才最珍贵"。

然后，我请小姚谈谈她的感悟，她说："我认为我们应该珍惜现在的美好时光，远离诸多的诱惑和干扰，在合适的时间、合适的地点做正确的事情，这才有意义和价值。"

这时，我抓住教育契机，说道："小姚同学真像一个哲学家，很理性，对事物的认识非常深刻。在多姿多彩的青春路上，很多人因为把握不好男女之间的情感，影响了正常的生活和学习，在最宝贵的时期失去很多。我很庆幸小姚同学懂事、明白事理，她会在人生道路上少走很多弯路，大家要向她学习。"顿时，掌声响起。这样，强化了小姚对早恋的正确态度，也有效地引导了全班同学。

【心灵本】

我运用每周一次的心灵本，与小姚进行心灵对话。通过"心灵本"真实地把握她的思想脉络，了解她的情绪走向，帮助她解开心结，与她真诚地交流和沟通，小姚慢慢变得开朗和积极。

【导师制】

针对个别同学学习、品德和性格等方面存在的困难、疑惑等，为了更好地帮助他们完善自我，我与个别同学和老师商议对这些同学实行导师制。

由于小姚同学数学和英语薄弱，我们经过反复商量，选择成绩优异、品德优秀、乐于助人的冯同学和张同学当其导师。冯同学作为小姚的同桌，担任小姚同学的学习导师，帮助小姚同学在学习方面进行提升；张同学作为小姚的室友，担任她的生活和品德导师，教会小姚同学独立生活等。同时，我作为小姚的德育导师，负责她的学习、心理、思想和常规工作等，给予她更多的关爱和照顾，帮助她走出阴影，积极面对生活和学习。

【家校合作】

小姚这件事情发生后，我多次通过QQ、电话及面对面沟通的形式与其父母进行交流，给她父母分析了事件背后的原因。同时，告诉其父母老师、同学帮助小姚的做法，这也得到了她父母的高度赞扬和肯定，他们非常感动和感激。小姚父母说道："你们都那么用心，不放弃、不抛弃我们的女儿，我们更应该尽到做父母的责任，更应该给予她关爱，更应该配合你们的工作，共同教育和引导小姚走上正路。"

每当小姚成绩进步时，每当她积极主动做事时，每当有老师表扬她时，每当……我都会捕捉小姚的闪光点，对她进行激励评价，也会第一时间通过班级博客、短信、QQ信息将小姚的表现告知其父母，让她父母及时了解孩子的情况，便于父母与孩子交流时有话说、有事讲，进而让孩子感受到父母的关爱。

在同学、老师的热心帮助下，小姚父母变得更积极和细心了，小姚性格也更开朗了，学习也进步了，小姚与父母的关系也更和谐了。

6. 关于教育"特殊"学生的想法

教育是需要艺术的，对待"特殊"的学生，更需要"特殊"的办法，需要教育工作者用心去观察和发现，这样才能更好地帮助孩子们健康、快乐成长。

（1）多一份"特殊"的温暖

在与小姚的对话中，同学、老师和父母用真爱感化了这个原本倔强、脾气暴躁的女孩，用爱和真诚唤醒了这个孩子的本真，让她在关爱中净化心灵、自我教育，取得了较好的效果。老师和同学作为她的导师，在各个方面给予她关心，进而有针对性地帮助和指导她，这让她极大地感受到了他人的温暖，她慢慢地改变了自己，更好地成长起来。

（2）多一点"特殊"的沟通

一般情况下，寄宿制学校，孩子与父母一个星期或者一个月才能有一次见面的时间，且时间短暂。如何解决这个问题呢？老师可以创建班级教育博客、家长交流 QQ 群、微博、公众号等，也可以通过学校家校通网络平台、电话等方式与家长沟通联系。通过这些方式，让家长了解孩子在学校的各项表现，如学习、生活、活动等各方面的信息，让家长主动参与到班级和学校管理中，将其也纳入班集体和校园生活。

更重要的是要与"特殊"学生"特殊"沟通。为了更好地了解孩子的内心世界，我实行"一周一次心灵本"交流，即每周让学生至少写一次心灵本，心灵本内容不限，贵在真诚交流。通过及时的文字回复或面对面交流，解决了很多孩子在学习、人际关系、班级事务及家庭关系等方面的问题，让他们健康成长。

（3）多一些"特殊"的照顾

"特殊"的照顾，主要是指老师要特别重视学生的心理发展与思想变化，照顾好"特殊"学生。健康，不仅仅是身体健康，还有心理健康，然而我们以往更多关注的是孩子的身体健康，却忽视了孩子的心理健康。我们需要更加细心、耐心，用真心去关心孩子的心理健康和思想变化。在这几年的教育工作中，我所遇到的学生问题，其实大部分都是学生心理发展带来的思想上的偏差、心理闭塞等，使其进而出现厌学和扰乱班级秩序等现象。我们若给予孩子们"特殊"的照顾，其实很多大问题都可化为小问题，进而得到解决。

【 教育事例剖析 】

俗话说"三分教，七分管"，说的是教师有效管理的重要性。作为一名初中《道德与法治》教师，课时教学有限，因此不仅仅需要在课堂上关注学生，更要在课外关心学生。

因为自卑，所以需要被关注；因为缺爱，所以需要被爱；因为孤独，所以需要被温暖。面对单亲家庭的孩子，老师要善于从问题的表面看学生的内心，而不是从表象去评判学生，乃至当这些孩子出现问题时给予简单的批评教育，甚至给学生"贴标签""下定义"。

其实，单亲家庭的孩子有时的表现是为了吸引更多人的关注，因为他们怕被他人遗忘和放弃。他们心中因为家庭原因而受的伤是别人无法真正明白和体会的，他们需要更多的爱。因此，老师要尽量让每个学生都能感受到班级的温暖、老师的温暖和同学的温暖，共同走过、一起成长。

面对单亲家庭的孩子，我们老师在平时的教育工作中，多一些倾听至关重要。正如我国现代教育专家成尚荣所说："倾听，是教育的一种言说，是一种特殊的教育。有时，倾听本身就是处理教育事件的艺术和智慧。"中国青少年研究中心家庭教育首席专家孙云晓教授曾说："教育学生的艺术首先是倾听的艺术。"教师要做好学生的教育工作，先多听少说，听听学生的内心世界，才能了解更多的情况。对学生而言，他们很多时候是需要一个倾听者而非教育者的，他们说出来、表现出来的实则是一种"求助"的信号，我们要善于抓住这样的教育契机。在面对小姚这些问题时，教师要通过倾听、班会群体引导、心灵本沟通交流、实行学生导师制和教师导师制以及做好家校沟通等多种办法，真正帮助孩子走出阴影，回归到正常的生活与学习之中。

说起"家"，家是什么？你爱家人吗？家庭结构发生变化时该如何面对？与家人发生爱的碰撞时该如何面对？当家庭成员发生内部矛盾时如何成为"黏合剂"？这些问题，都是青春期的孩子当下乃至长大后可能会遇到的情况。思政课教师可以结合《道德与法治》(七年级上册)第三单元"师长情谊"第七课"亲情之爱"开展有关"家"的教学活动。从"什么是家"展开，到"体味亲情""发生爱的碰撞""建设美好家庭"再到"学会孝亲敬长"，一定程度上打破教材结构，使教学内容更符合认知规律，也更贴近学生现实。在课时教学过程中，可设置"情境创设：爱的诉说—亲情之音""情境对话：爱的碰撞—亲情之殇""情境体验：爱的探究—亲情之问""情境升华：爱的感悟—亲情之思""情境回归：爱的回音—亲情之行"等环节或流程。同时，思政课教师要引导学生明白，家是我们每个人爱的港湾，亲人陪伴我们成长，更是我们成长的见证者。每个亲人受家庭教育环境、年代发展等因素的影响，或多或少和"我们"存在一些思维差异、知识差异、理解差异、接纳差异等，要学会多些尊重、理解和包容。让学生用所学的新知识、新方法、新视野去引导、帮助亲人紧跟时代，但方法要适度、语言要有艺术、行为要耐心，就像我们不会吃饭、不会走路、不会识字时，他们对我们的那份耐心和细心一样。这样，家才会更温暖、更和谐、更美好！

坚持让你与众不同

【写在前面的话】

在新环境中，每个人都是从新的起点开始，小杨同学也一样。小杨最初或许没有直观感受到这是新起点，没有感受到中学阶段的独特价值和意义，我却将小杨的情况看在眼里、记在心里，及时发现小杨的优点，引导小杨相信自己、坚持向前、勇往直前，这将为小杨的人生打上更加丰富而厚实的底色，小杨的人生会更加精彩。

【教育事例呈现】

"袁老师，我真的被录取了吗？"电话那头传来小杨同学激动的呐喊。"是的，你真的被我们学校录取了。祝贺你，你的坚持让你成功了。袁老师为你高兴，更为你的付出而感动。"我发自内心地对小杨同学说道。当小杨同学来学校领取高中录取通知书时，我给了他一个深深的拥抱，为他竖起了大拇指，并希望他带着这份精神在高中乃至以后的人生中拼搏与奋进。

1. 成绩靠后的小杨

记得 2014 年新生入学考试成绩出来时，看到小杨的成绩后，我的心情非常复杂。没有一门学科及格、成绩处于年级倒数，这样的成绩怎么考高中啊？但我的内心一直坚持一个理念，那就是品行远远重于成绩。对于每一届的入学考试成绩情况，我都遵循班主任和科任教师知道即可的原则，没有告诉学生和家长，因为，这只能代表过去，不能代表现在和未来。

刚开始学习时，小杨就遇到了英语问题。由于之前在老家小学没有接触过英语，连英语字母都不认识，是真正的零起步、零基础。看得出，他有些自卑和失落。加上小杨的家离学校有几百公里，父母工作繁忙，平日里他们都是通过电话与小杨交流，两个月才来学校看望他一次。

我知道，他的内心还很孤单。面对学习压力，需要有人给他关心和指导，将他引上路。

2. 态度认真的小杨

一次班级卫生大扫除，小杨留在了最后。我去教室时，他仍在"处理"一些小细节。看到他如此认真，我想一个能把卫生都做得如此细致的男孩儿，在学习乃至以后的工作中也不会差的。

"小杨，你对工作很负责，你对这一件事情的认真与执着的态度很难得。真棒！"我微笑着对小杨说道，并且给他竖起了大拇指。小杨听到我对他的肯定和表扬，摸了摸头，有些不好意思。

"小杨，开学一段时间了，我发现了你身上有很多优点，特别是认真与坚持的精神。我知道，你目前在英语学习上遇到了一些困难，心里有些着急和烦躁。每个人在人生路上都会遇到不同的困境，但不同的人因为不同的态度，其结果也就不同。努力不一定成功，但不努力一定不会成功。学习需要一份静心与坚持，你的努力终将会有好的收获。还记得你曾经说过的话吗？长大后回老家建设新农村，相信自己，加油，我们一起努力。"小杨听到我的这席话，眼里泛起了泪光。

3. 一直朝前的小杨

就这样，在小杨进步时，我们一起分享喜悦；在小杨退步或遇到困难时，我们一起分析原因并找方法解决。当然，最重要的是小杨自己一直努力前行！到了初三，小杨见到了曙光，成绩从最初的年级末尾慢慢上升到年级中上水平。小杨看到自己的付出有了回报时，急忙跑到我办公室来与我分享他的进步。这是我第一次看到小杨笑得如此开心。

其实，无论成功与失败，我们人生中最缺少的就是那份坚持。小杨最让我感动与得意的是他身上的那股坚持的劲头，这样的坚持终将让他与众不同。

【教育事例剖析】

每一个学生都有自己的梦想，追梦的路或崎岖，或平坦，或艰辛，只有每个真正追梦的人才明白坚持的可贵。有人说："梦想不会自己发光，发光的是追梦的你自己。"中国现代著名作家林语堂曾说："梦想无论怎样模糊，总潜伏在我们心底，使我们的心境永远得不到宁静，直到这些梦想成为事实才止；像种子在地下一样，一定要萌芽滋长，伸出地面来，寻找阳光。"小杨因为老师的不放弃、不抛弃，最终实现了高中梦。

我们的梦想是如何实现的？把"最初的梦想紧握在手上"，把"最想要去的地方，怎么能在半路就返航"记在心里，"实现了真的渴望，才能够算到过了天堂"。我们的成长之路，因为有梦想才会有精彩，因为有坚持才会有改变。

关于"梦想"的话题，思政课教师可以从《道德与法治》（七年级上册）第一单元"个人梦"、第四单元"增强生命的韧性"，九年级上册第四单元"中国梦"和九年级下册第三单元"走向未来的少年"等不同角度在不同学期开展教学活动。

结合《道德与法治》（七年级上册）第一单元"成长的节拍"第一课"中学时代"第二课时"少年有梦"展开关于梦想的讨论，可以就以上案例进行教学设计，讨论"我的梦想是什么""为何一个人要有梦想""如何实现梦想"等，更深切地明白一个人拥有梦想是件幸福的事情，这是一个人的目标与方向，要用自己的行动与坚持，向着梦想前进。当然，并不是每个人的梦想都能实现，但追梦过程中埋下的种子和流过的汗水，也能成为人生中宝贵的财富。

思政课教师还可以在九年级上册第四单元"和谐与梦想"第八课"中国人 中国梦"第一课时"我们的梦想"和第二课时"共同中国梦"开展的关于"中国梦"教学活动中，引领学生认识到实现中华民族伟大复兴是国家的梦、民族的梦，也是每个中国人的梦想，我们的个人梦要与中国梦紧密相连，需要我们共同走中国道路、弘扬中国精神、凝聚中国力量。同时，在九年级下册第三单元"走向未来的少年"第五课"少年的担当"中，思政教师可以结合政治家、科学家、作家等名人的成长历程，引导学生懂得个人的命运与国家的命运息息相关,少年强,中国强,我们青年一代有理想、有本领、有担当,国家就有前途,民族就有希望,就能更好地实现中华民族伟大复兴的中国梦。

一颗十八万的牙齿

【写在前面的话】

教育往往有复杂性,学校和老师都面临着校园意外事件偶发的严峻挑战。我也遇到了这类情况:上下铺的两位同学在寝室打闹而导致一人牙齿断裂。面对突发情况,我及时采取应对措施:第一时间到达寝室,关心受伤学生,了解事件缘由,为后期做家长工作做好了铺垫;及时联系家长,让家长了解情况;积极协调,处理受伤问题,面对受伤同学家长巨额赔偿的要求,我借助学生力量教育家长,有效化解了矛盾。

【教育事例呈现】

"叮叮叮……"手机铃声突然响起。这正是学生晚自习下课回寝室的时间,难道学生寝室出问题了?

1. 满嘴是血,牙齿断了

"袁老师,你快过来寝室,小黎出事了。他嘴巴上全是血,好像牙齿断了。同学说是与小魏之间发生了什么事,但具体情况都还不知道。我已经让他们寝室长扶着他去医务室了。"寝室楼层李老师非常着急地对我说道。

"李老师,谢谢您及时通知我。我马上过来。"我边说边下楼。路上,我急忙给小黎妈妈打电话,将大概情况跟她说了说。

然而,小黎妈妈语气非常愤怒,并且大呼:"我儿子怎么会那样?我儿子怎么会那样?"

我说道："小黎妈妈，您先别急，我已经在路上了，马上到医务室了，我看了情况后及时与您沟通。"

"我马上过来，让我儿子在医务室等我。"说完后小黎妈妈立即挂了电话。

我又立即给小魏的妈妈打电话，将此事简单谈了下，同样告诉她别着急，我得先了解下情况。我快速到了医务室，校医正在给小黎检查。我立即趁这个时间问陪伴的同学小胡。

"小胡，刚才在寝室发生了什么事情？袁老师希望你作为室长能如实地给我说说当时的情况。"我用信任的眼神看着他。

"袁老师，事情是这样的。晚自习下课后，我们都按时回到了寝室。我们三个同学在洗漱，突然小黎大哭并喊疼，我马上转身一看，小黎嘴巴在流血，其他的，我确实不太清楚了。"小胡答道。

"小胡，袁老师信任你，那为什么小魏没陪小黎来医务室？"我很疑惑地问道。

"小魏看到小黎疼成那个样子，而且嘴里满是血，都吓傻了。李老师马上让我先带小黎来医务室。"小胡解释道。

我心想，小魏平时性格比较内向，不是一个惹是生非的孩子，会和小黎发生什么呢？不管小黎情况是否严重，小魏理应陪同，小黎妈妈来到学校后若看到相关责任人不在，可能会对小魏更不满，也不能更好协商处理此事。

于是，我让小胡快速回到寝室，让小魏来医务室。我得及时从两个孩子口中了解到当时的"第一手"真实情况，否则到时可能会有其他因素让孩子说出带有"感情色彩"的话而偏离事实。

这时，医务室医生从检查室出来。我连忙走过去，问道："医生，小黎什么情况？"我边问边扶着小黎从检查室出来坐着。

"袁老师，我刚给他消了毒，并查看了口腔，是牙齿断了半截。由于医务室条件有限，建议家长带到大医院检查。现在血已经止住了。"

2. 小事情带来的大问题

医生对小黎检查后采取的措施以及提出带小黎到大医院的建议让我知

道这事儿严重了。我连忙再次给小黎妈妈打电话,将校医的建议和目前孩子的情况如实地告知了她,并且告诉她我在医务室陪着孩子等她。

小黎妈妈的态度依然较为冷漠,但我还是很耐心地给她说明情况。

此时,我头脑里在回忆小黎来到学校半年多的表现,学习成绩良好,是一个喜欢写作的男孩,但平时比较爱疯玩。究竟这件事情是怎么发生的呢?在等小魏和小黎妈妈过来的时间里,我得先问问小黎当时的情况。"小黎,现在还疼吗?"我用手轻轻地拍着他的肩膀问道。

"疼!我昨天刚去医院矫正牙齿,现在牙套有两根脱落了,牙齿也断了半截。"小黎委屈地说道。

顺着小黎的话语,我说道:"小黎,从你初一进我们班到现在已经半年多了,你平时特别关心他人,对人友好,也特别热心集体事务,袁老师和同学们都非常认可你。在我的观察中,你和小魏平日一起吃饭、一起走路,关系很好。今天是发生了什么误会吗?"我之所以用"误会"二字,是因为小魏和小黎不应该出现这么大的问题,也是想通过积极的心理引导让小黎正确看待与小魏之间的问题。

小黎连忙说道:"我们没有吵架,也没有打架。我们在寝室玩,才出现了这个问题。"正当小黎述说时,小魏来到了医务室门口。

小魏看到我,顿时把头低下来了。我知道,他的性格较为内向,加上这次出了这个事情,他肯定内心很胆怯,也很担心。我立即站起来,右手拉着小黎的手往外走,走到门口时左手也拉着小魏的手一起走。随后,我们三人在医务室外的走廊坐着,他俩坐一起,我坐他们对面。

我看着小魏,表情自然,轻轻地说道:"小魏,袁老师知道这件事情发生后,你很担心小黎,对吗?"小魏连忙点头,一副非常害怕和愧疚的表情。

"医生已经给小黎消了毒,已经止了血。"我先将小黎目前较好的情况告诉小魏,以减少他的害怕情绪。

"小魏,你和小黎是好朋友,我相信你们并没有因为一些事情而打架,是吗?"我望着小魏,并用余光观察小黎的表情,此时小黎低着头,我心想或许小黎也有错。

"袁老师,我回到寝室后,其他三位同学在洗漱,我俩在聊天。我爬上床拿一个东西时，他在下面用面包打我，当然我知道他是在和我玩。所以我捡起来，也丢下去打他。这样来回几次，当他再次往上丢的时候，我用校服挡过去，谁知拉链扣打到了小黎的门牙，然后就出血了……"说着说着小魏声音有些颤抖，眼泪流了下来。

"小黎，小魏刚才所说的情况是真的吗？我相信你能如实回答我。"

"这件事情……是这样的。"小黎不好意思地回答道。此时，我了解了第一手情况，对后续处理事情具有重要参考价值。

3. 强势的小黎妈妈

就在这时，小黎妈妈来了。我马上走到小魏旁边，以防其他意外情况出现。她看着自己孩子衣服上有些血渍，知道孩子的牙齿还断了半截，非常气愤地指着小魏说道："你这孩子，怎么用力那么猛，你看看我儿子流了那么多血，万一有个什么闪失，我看你拿什么来赔偿我们！"

小黎妈妈说着说着，小魏便哭了起来。我看到小黎表情非常复杂，我猜想他或许很想为小魏说话，但面对强势的妈妈不敢出声。

我马上打断了小黎妈妈，将整个过程详细给她讲了，并谈到我会马上与小魏家长联系，共同关心小黎的伤情。

平日里，小黎妈妈较为尊重我和信任我，而此时小黎妈妈的态度有些改变，说要去大医院检查后再说。我主动提出与小魏一起去医院，被小黎妈妈"委婉"拒绝了，说会和我联系。于是，我和小魏将她母子俩送到学校门口才离开，之后我把小魏送到寝室后才回家。

回到家里，我把整个过程给小魏妈妈说了，小魏妈妈表示歉意，并马上谈到愿意承担小黎的医药费。我本以为这个事情就会这样好好结束，但结果并不是这样。

4. 要与对方"交涉"

我回到家，一个半小时过去了，一直没有小黎妈妈的消息。我主动发信息关心孩子情况，那边却回复："孩子已睡觉，明天我带孩子去医院，而且我要见小魏家长，请袁老师通知他家长来学校。"看到这条信息，我再分析小黎妈妈那边的态度，几个问题一直在我心里打转。

"为什么家长不及时带孩子去医院就诊？难道确实是病情不太严重？"

"让我请家长过来，是谈如何解决这个事情？还是谈赔偿问题？"

"双方家长在一起会不会出现吵架、争执、打架，甚至是难以控制的局面？"

这些问题在我头脑里来回打转。

我给小黎妈妈回了一条短信：一是再次表示关心；二是温馨提醒孩子可以喝些稀饭、牛奶，不吃比较硬的食物，这样不会损害已裂开的牙齿；三是表达希望孩子尽快返校回到班级学习的心情。但小黎妈妈并没有回复我，同时我再次给小魏妈妈打电话请她明日空出时间，根据小黎看病后的情况决定见面的时间。

第二天早晨7点左右，我再次发了一条短信："小黎，昨晚休息得好吗？早上喝点稀饭和牛奶，注意先不忙洗漱牙齿，和妈妈一起去医院看医生后，及时和袁老师联系，让袁老师放心，好吗？小魏和同学们都在等着你回来。"

直到上午11:30，小黎妈妈才给我回复了一条信息："袁老师，请小魏家长下午5点在学校见面，我要和他的家长谈谈这个事情。"

小黎妈妈态度依然"强硬"，并要求直接与对方家长"交涉"此事。

我回复了小黎妈妈，"好的。那下午5点我和小魏妈妈在办公室等您。小黎好些了吗？今天很多同学都在关心他呢。"但小黎妈妈再未回复我。

5. 十八万的牙齿

我立即给小魏妈妈打电话，谈到见面一事，由于小魏妈妈有事，便让小魏爸爸来。我马上又给小魏爸爸打电话，将整个过程再次详细谈了谈，并引导小魏爸爸换位思考，两边的孩子都有责任，若小黎妈妈有些语言不当，还请小魏爸爸谅解。

小魏爸爸在我印象中，一直是一个非常好说话和好相处的家长。他很真诚地谈道："袁老师，谢谢您从昨晚开始就忙到现在，一直在为我孩子的事情而费心。我站在对方家长角度，心里也会有些不舒服，我会平静地与她交流的，您放心吧。"

"好的，魏爸爸。两个孩子是好朋友，发生了这个事情，我们共同帮助他们认识到问题所在才是最重要的。"我及时回复了魏爸爸，魏爸爸表示支持我的做法。

由于是小魏爸爸来解决此事，我担心到时小黎妈妈语言过于强硬激怒小魏爸爸，两边吵起来甚至动手，此事就更不好处理了，因此我得先做好小魏爸爸的工作。

下午 4 点左右，小魏爸爸就到了办公室。我和他再次聊了聊此事，他对孩子所造成的后果也再次表示愿意承担医疗费。临近五点，小黎妈妈来了，小黎没有来学校。

我和小魏爸爸不约而同起身，我请小黎妈妈坐下，并给她端了一杯水。

小魏爸爸主动地简单介绍了自己，并及时关心小黎情况。

小黎妈妈却一副咄咄逼人的表情，回答道："我儿子牙齿断了半截，今天医生已经检查了，说要等到十八岁才能看这颗牙齿有无恶化。我的意见就是，要么赔偿我孩子十八万，要么就要一直管我孩子到十八岁，再看那时的情况而定。这期间得赔付我孩子的精神损失费、误学费（指上学期间去医院看病耽搁课业需要补习的费用）、医疗费、车程费、营养费等。"

小魏爸爸一听这样的话语，顿时非常生气，但还是忍住了，说道："小黎妈妈，两个孩子平日是好朋友，这次在玩闹的过程中出现了意外，我作为小魏的爸爸，对小魏给您的孩子造成的伤害表示非常抱歉。我希望我们能很好帮助两个孩子认识到各自的问题，同时小黎这次的医疗费我愿意承担。"

这时，我介入两人谈话，"小黎妈妈，两个同学是好朋友，在这件事情中两个同学都有责任。小魏认识到了自己的不对，小魏爸爸也非常关心小黎的病情并愿意承担此次的医疗费用。相信这件事情对两个孩子都是一次深刻的教育，您说呢？"我非常平和地对小黎妈妈说。

"袁老师，这件事情与您无关，这是我和小魏家长之间的事情。今天下午我来学校，我的车子还被撞了，他还必须赔我维修费。"小黎妈妈依然不依不饶。

这时，小魏爸爸忍不住了，"你太无理了，我不赔。"说完便走了。

小黎妈妈见此情况，顿时在办公室大声说道："什么无理家长，太过分了。袁老师，这还怎么解决？我娃娃在这里没法读了，我要转学。"说完，她也离开了。

6. 要与小魏继续做朋友

当时，正是下课时间，很多同学在门外都听到小黎妈妈的赔偿要求和转学要求。我的心情非常复杂，我冷静下来后，认为要想处理好这件事情，得做好小黎的工作，让小黎"勇敢"劝说妈妈。

当晚，我看到小黎QQ在线。于是，我和他聊了聊。首先我代表小魏、小魏家长对他表示关心，并了解起他的病情。

他回答道："袁老师，我并无大碍。您发的短信，我看到了，但妈妈不让我回您。我很抱歉。"

"小黎，没事儿。我们大家都很关心你，我们希望你若没有大碍，快回来上课吧。"

"袁老师，谢谢您的关心。我妈妈今天来学校，是不是和你们吵架了？"

我在思考为何孩子会这样问，也继续和小黎谈了谈下午发生的事情。

"小黎，我理解你妈妈的心情，我相信你妈妈也不是一定要这样的赔偿。"我继续从正面的角度来描述小黎妈妈的形象。

"袁老师，我并没有像妈妈说的那么严重。妈妈昨天还教我说假话，让我说病情非常严重。她的车子在家里，并没有开出去，没有擦伤。妈妈这样不对，我还得继续和小魏做朋友呢。"小黎如实地跟我谈了他妈妈的情况。

此时，我心里明白，小黎妈妈或许是想在这个事情上获得较大金额的赔偿金，以作为对孩子受伤的安慰。

"小黎，你很懂事，也很诚实。我相信妈妈提出想要这些赔偿金，是出于对你浓浓的爱。袁老师相信你非常想和小魏继续做朋友，解铃还须系铃人，最好的办法是你好好与妈妈交流，主动承担自己的责任，并且希望妈妈能原谅小魏。这样的话，这件事情就好处理了。你说呢？"我继续在QQ上引导小黎正确面对妈妈的行为，请他协助我"教育"他妈妈。

第二天早上8点的样子，我的QQ响了。我一看，是小黎的留言。"袁老师,昨晚我鼓起勇气和妈妈谈了谈。我表达了对妈妈的爱,也理解妈妈看到我受伤后着急的行为和语言,但这件事情是我引起的,我也有责任。我跟妈妈说了,我是一名男子汉,我要勇敢承担责任,也要学会原谅他人的失误,不能因此失去友谊。我希望妈妈也能和我一样,以最大的宽容之心原谅小魏。今天早上妈妈找到我,也提到了她对小魏爸爸的过激语言和对您的不尊敬,并表示抱歉。妈妈说她已经原谅了小魏。我下午就返校,袁老师不要再为我担心了。"看到这条留言,我很高兴。

我试着给小黎妈妈发短信,但没直接将小黎告知的话语说出,而是依然表达对小黎的关心以及谈到小黎给我留言说下午返校,我们全班都期待他能早点返校学习。此时,小黎妈妈给我回复了很多,一是表达歉意,二是表达自己的做法不对,说是小黎的话语触动了她的内心,她感觉孩子长大了。最让我惊讶的是,小黎妈妈说不用小魏家长付医药费了,她希望两个孩子好好将友谊维持下去。

我立即将此事告知小魏爸爸,小魏爸爸也对昨天下午自己的行为感到很不好意思,听到小黎妈妈不要求赔付医药费,他都不太相信,还开玩笑说:"袁老师帮助了我们不赔十八万,也帮助两个孩子恢复友谊,真是神人啊。"

小黎同学如期返校。

其实,教师在面对学生之间的伤害事件时要及时给予关心,并了解事件本身,及时掌握第一手信息。面对家长的不理智时,要多一些耐心、关心和细心,运用教育艺术和教育智慧解决"纷争",更重要的是做好孩子的工作,让孩子成为重要的教育资源来引导家长冷静、理智对待受伤事件,这样教师在处理问题时就能更加主动了。

【教育事例剖析】

学校对于学生而言,是一个公共环境,学校里面的具体场所涉及教室、食堂、图书馆、寝室、会议厅以及其他校园公共区域,范围较广。如今,很多学校为防止学生发生意外事件,采取了老师校园值周、楼层值周等举措。但学生是活动的个体,一方面不可能各地方都监管到,另一方面也不可能二十四小时监管,这给学校和老师带来巨大的压力和挑战。而在此次事件中,我们看到了一个老师的负责、大度和积极作为,老师不仅让两位同学"保住"了友谊,也教育了家长要学会宽容和正确对待突发事件。

此案例属于学生间突发的非故意且影响较大的事件,最让人头疼的问题就是家长要求的巨额赔偿。老师作为调解者,做了大量学生工作、家长工作,其间面对家长的埋怨和不理智要求,老师依然尽心尽力、积极沟通。可见,作为老师,当面对这些问题时,能积极协助调解,不随意丢给年级、丢给学校去处理,这与老师同学生、家长有一定的相处时间和情感基础有很大关系。同时,面对家长的不当语言,老师要站在家长的角度给予理解、包容;面对家长的巨额赔偿要求,老师不要慌乱,而是要努力分析,争取得到理解。否则不仅赔偿问题无法解决,小黎和小魏的关系也会破裂,甚至会出现学生转学的情况。当然,最关键的是老师与受伤的小黎进行沟通交流,做好了孩子的思想教育工作,小黎进而成功劝说家长要合理对待此事。最后,十八万的赔偿、医药费等问题都成功解决,两人的友谊回复如初。

当然,并不是每一起学生意外伤害事件都能得到很好的调节和处理,若家长的要求大大超出正常范围,可以根据《中华人民共和国突发事件应对法》《学生伤害事故处理办法》等相关法律、法规和政策处理,必要时可以走司法程序,公平、合法地处理学生意外伤害事件。另外,建议各校完善各种安全规章制度,如学校教师值勤制度(重点为楼层、公共区域、食堂、寝室等)、安全教育制度、安全责任制度、学生宿舍管理制度、学校门卫制度、体育器材管理制度等,做到有制度可循、防患于未然。

依法治校,是学校落实依法治国基本方略的必然要求。提高学生意外伤害的法律风险防范意识,完善制度建设,培养学生法治意识非常有必要。思政课教师可以结合《道德与法治》(八年级上册)第二单元"遵守社会规则"第五课"做守法的公民"开展教学活动。思政教师不仅可以选取社会新闻事例,也可以适当选取新闻报道中的学生意外伤害事件作为教学素材进行教学。通过学习,让学生懂得法律的权威,明白法不可违,认识不同违法行为和要承担的相应后果,并引导学生学会用法律的武器维护自身的合法权益,做法律的忠实崇尚者、自觉遵守者、坚定捍卫者。思政课教师在教学中，要采用学生喜欢的学习方式开展法治教育，多角度、多层次地加强青少年的法治意识，使学生们从小树立社会主义法治理念，做心中有法、心中有责、行为有界的守法公民。

抑郁之后……

【写在前面的话】

　　S同学突然在寝室想要用刀割腕，幸好得到同学和生活老师的制止与安抚。S同学刚来我们校不久，他怎么会想着要割腕？他是在来我们学校后不适应学校环境而产生了自我否定，还是家庭遭遇到了变故导致了心理创伤？S同学究竟经历了什么？我们想只有沿着S同学的成长经历去探寻其心理、行为的变化过程，才能让S同学走出"阴影"，回归"正轨"，让他找到自信感和价值感。帮助S同学需要我们同心协力。

【教育事例呈现】

　　"袁老师，我有个很棘手的、关于学生的问题需要请教您，"杨老师急急忙忙到我办公室说道，"情况大概是这样的……"

1. 伤　害

　　S同学是今年入学的初一新生，在学校已经度过两个月了，总体表现正常。然而，在10月21日中午，S同学突然在寝室想要用刀割腕。寝室两个同学及时抢下他手上的小刀，随后其他同学及时找来了生活老师，大家共同安抚S同学的情绪并看着他，以防再出类似情况。

　　在此期间，生活老师及时与杨老师联系，让杨老师赶快来寝室。杨老师及时赶到男生寝室，心里着急但又不能表现出"惊讶"，见到S同学后尽量避免制造紧张氛围，而是用双手抚摸S同学的脸。S同学眼泪不断往下流，没有说话。杨老师见此情况，先让寝室的同学回到宿舍休息。杨老师把他带到操场上坐了一会儿，一直拉着他的手，给他擦眼泪，关心他是否遇到了什么问题。

由于入学两个月以来，杨老师都非常关心他，S同学也比较信任杨老师，S同学跟杨老师说了实话。原来，他小学时就曾用刀割腕"自杀"过几次了，他把手腕给杨老师看，的确看得出有几条旧伤痕。

同时，S同学谈到三个重要细节：

第一，他在小学时担任过班长，有一次班主任发现他书桌上有两本和凶杀案有关的小说，情节非常暴力，还有一些不太健康的话语。S同学本想给班主任解释这两本书并不是自己的，是一位同学放在他书桌上的，他没有翻阅这些书。但还没等S同学解释，班主任就一口咬定书就是S同学的，对他进行了严厉的教育，并且撤销了他的班长一职，降为副班长。他心里非常委屈、难受，还总疑心同学在背地里嘲笑、议论他，内心充满焦虑和恐惧。

第二，这次经历导致他后来精神不佳，学习成绩下滑了许多，老师的批评和家长的责备越来越频繁，加上他性格本身比较内向，导致他心里更加烦躁和排斥。

第三，经过长时间的自我压抑以及无价值感体验，他有了"自杀"的念头（其实是一种不正确的自残心理释压方法），他写了一张纸条"我要自杀"，他的同桌看到后很害怕，悄悄地把纸条给英语老师，但英语老师一看，直接扔了，没有重视，认为这是不可能的事情。S同学其实是故意让同桌、老师知道他的内心想法，但很可惜老师根本没有关注此事，认为这是小孩闹着玩的。

于是，他悄悄地第一次割腕、第二次、第三次……后来班主任和其他老师发现后，也一直隐瞒此事，没有告诉学校、家长，而是把伤痕解释为是S同学不小心划伤的，直到小学毕业。

杨老师了解情况后，首先表达了感谢，因为S同学把之前"惨淡的人生"都给杨老师说了，这是对杨老师的肯定和信任。接着杨老师和S同学谈到了S同学自来到我们学校就读初中以来，每位老师和同学对他的关爱，引导他认识一个新环境代表一个新开始，一切都可以慢慢改变。就这样，杨老师和S同学谈了两个月以来学校、班级各项有意义的活动，以及他为班级所做的贡献，引导他感受集体的温暖和在集体中寻找到自我存在感。看着他的情绪慢慢平静下来，杨老师也暂时安心了，和他一起走回教室，先让他上课。

紧接着，杨老师就与我取得联系，谈到了以上内容。

2. 建　议

作为 S 同学的科任老师，根据平时对 S 同学的了解和这件事情的进展，加之，当天下午是放假时间，我建议杨老师可以从两个方面着手处理：

一是，及时和家长取得联系，第一时间将此事告诉 S 同学家长，并请家长尽可能早点来学校接 S 同学放学回家，并一起商量解决办法；同时，为避免 S 同学仍有心结，家长要密切注意 S 同学周末在家的情况变化。在与家长取得联系后，杨老师把发生的事情和自己做的工作告诉了 S 同学家长，让 S 同学家长了解具体情况，也知道了杨老师在第一时间对 S 同学做了相关引导工作。提醒家长来学校后不要去杨老师办公室，以免让 S 同学看到而胡思乱想；提醒家长不要表现得过于焦虑与不安，保持平常的相处方式，在回家的路上可以像平时一样和 S 同学聊聊学校、班级的快乐事情，看孩子是否会主动和家长沟通中午发生的事情，但家长最好不要主动提起。

二是，如果孩子在放学路上或周末主动提起今天中午发生的事情，家长务必静下心来和孩子好好沟通，关心、关爱 S 同学身体、心理状况，适时提出去医院检查。但要引导家长说明，去医院检查并不意味着有病，而是通过专业医生的检查，了解 S 同学的情况，全面评估，给予建议。

我给杨老师这样的建议主要是基于 S 同学已有自杀倾向以及自残行为，这是我们能够看见的情况，这些情况一不留神会直接威胁到 S 同学的生命。同时，通过 S 同学与杨老师的谈话，得知 S 同学多年来自我压抑、自我否定，缺乏自我认同感和安全感。加之，S 同学的情况超出了教师的常规教育范畴，有些情况是教师无法估计和预测的，需要非常专业的心理医生进行指导。

杨老师经过思考，认为这两点非常必要，并按照我给予的两方面建议在放学前与 S 同学的家长进行沟通。家长非常感谢杨老师能及时关注孩子的心理状况并且及时与孩子沟通，同时家长认为杨老师给予的建议很有必要，需要专业的心理医生才能更好地解决问题。

3. 抑　　郁

第二周周一上午，杨老师再次找到我，和我交流 S 同学的情况。

在上周五放学回家的路上，S 同学主动给他妈妈说了中午的事情，而且还谈到杨老师如何关心他等等。妈妈也及时问到了 S 同学的身体状况和孩子的心理想法，但这只能了解表层情况，无法从根本上解决实际问题。于是，妈妈谈到去医院请专业医生为他看看，S 同学并不排斥，但希望是女医生。于是，周六上午，S 同学的爸爸和妈妈一起带他去了省人民医院。在专业心理医生检查后，爸爸带 S 同学出去散心，妈妈留下等检查结果，检查结果没有让孩子看。

初步诊疗结果为：抑郁两年，自我否定、无价值感和认同感，情绪不稳定，随时想通过自残方式发泄，存在自杀可能性，需要药物治疗。

这个结果犹如晴天霹雳，家长不敢相信自己的孩子得了严重的抑郁症，而且随时可能自杀。家长对之前小学老师的行为非常愤怒，但已经毕业，加之小学在老家等原因，要追责很麻烦。现在的重点是如何让孩子回归正轨。

家长把这些情况向杨老师反馈后，杨老师首先表达了关心，其次也劝导家长平息情绪，指出当前最重要的问题是如何帮助孩子走出来。

我首先肯定了杨老师的做法，杨老师有一种慈悲情怀，她将该同学当成自己的孩子一样关爱，同时正确引导家长看清当前最重要的是解决问题，而非去找之前的老师评理。

4. 对　　话

接着，我试着问了杨老师几个问题，我觉得了解这几个问题会对现状有所帮助。

我："第一个问题，S 同学是独生子女吗？"

杨："不是，还有一个弟弟，已经两岁了。"

我："两岁，大概就是 S 同学五年级左右时，他的妈妈生下了弟弟。那个时候，可能父母的主要精力集中在了弟弟身上，对他的关心是不是过少了？或者说无形当中让他感觉自己的爱被弟弟分走了，爸爸妈妈并没有以前那么关心他了？这个问题，我建议你要和S同学家长沟通，并且提醒他们最好从现在开始，要给予两个孩子同等的爱，让他感受到父母并没有因为弟弟的到来而忽略自己。这或许也是让他心情低落、感觉缺失关爱的原因。"

我："第二个问题，他在班级中担任什么职务没有？近期班级有无重大活动？"

杨："由于他性格比较内向，加之入学刚两个月，有的职务还在考虑后备人选。"

我："我建议结合S同学的长处，引导他主动承担一个职务，让他感受到自己的存在价值，让他能和其他同学多接触，感受集体这个大家庭。最好这个职务能和你接触更多一些，因为从之前的交流中可看出，S同学对你比较信任，他需要你的持续关注。比如担任你的科代表，哪怕是副科代表。另外，班级最近有无重大活动？"

杨："有，是学校举行的队列比赛。虽然他因为腿部有伤没有参加，但每次训练时他都到场，帮助同学们拿衣服等。"

我："这个细节也很重要，尽管他没有参加比赛，但他每次都来为同学加油，帮助同学们拿衣服，这些都是他的优点。你要多找找这方面的'材料'，还可以在班会中开展相关的话题讨论，引导同学们认识到S同学的贡献并顺势对他进行公开表扬，这样让他感受到同学们和老师对他的认可，也可以增强他对班级的归属感。"

我："第三个问题，S同学这些情况，你跟年级组长、学校政教处分管领导谈了吗？家长的意见是先回家休养调整还是在校继续读书？如果在校读书是否考虑签署一个安全协议？"

杨："我都给相关领导谈了，也将省人民医院的诊断结果告知了学校。"

我："是的，这个有必要，但建议通过学校层面与家长签署一个安全协议。因为从教师工作职责角度来讲，一是需要及时向上级汇报这类特殊的事情，便于学校更好地和家长沟通；二是从学校安全和教师自我保护角度来讲，基于家长希望孩子在校读书而不先在家休养，虽然我们做了大量工作，但学校或者教师也无法 24 小时照管 S 同学，加上医院诊断结果不太乐观，如果出现什么意外，至少能说明学校和老师已经做了大量工作，但 S 同学随时可能发生一些不可预测的情况，这些家长是清楚知道的，这样对学校、对老师来说是一种保护。"

杨："我向学校汇报这个事情时，学校也谈到可能需要和家长签署一个安全协议。现在我也非常担心这个问题。袁老师，我还需要做什么？"

我："第四个问题，从上周五到现在，你和家长、S 同学以及和学校相关领导交流的情况是否进行了记录？"

杨："有部分记录。"

我："我建议以后为每个学生制作一个成长档案，记录相关文字材料。比如 S 同学这个事件，写上交流时间、交流内容（有的须具体，有的可简略）等，包括他们寝室同学当天看到和了解到的信息也需要学生写一份相关文字资料。你都要保存好，作为教育记录存单。"

杨："谢谢袁老师，这些太重要了。另外，S 同学家长说每天中午放学和晚上放学，家长都要接回家，我需要注意什么问题吗？"

我："这也是我要问你的第五个问题。如果家长提出不再住校，需要家长提出不住校的相关文字说明。同时需要家长签相关协议，让家长知道孩子离校时间和注意事项。另外，鉴于这个特殊情况，建议这段时间最好让家长中午和晚上接到孩子后给你发一条短信。因为你不一定每天都能看到 S 同学是否出校、家长是否接到孩子。这样，让家长给你发短信，也能让彼此放心。"

我："最后，我要温馨提醒你一个事情，这个情况得和家长谈谈。虽然省人民医院给出了诊断结果，但我们教师和家长不能把 S 同学当作'病人'来看待。我们需要做的就是像平时一样给予他关心和照顾，家长不可因此突然对他非常好，这样会让孩子认为是因为自己得病了家长才这样。我们要学会淡化此事，以对待正常人的心态去对待这个孩子，多用积极暗示，让他找到自信感和价值感，慢慢走出来。"

杨："这点我还没考虑到，如果我们老师和家长以病人角度来看待他，那么我们的行为就可能发生变化，我们的关心可能就会变质。"

杨老师急忙和我道别，着手去处理此事。

5. 转　变

半个月过去了，我再次碰到杨老师时，杨老师再次表达了感激之情。她谈道："目前，S 同学担任我的科代表，这让他慢慢地找到自己的价值，情绪也比之前更加稳定了。加上家长的支持和配合，各科老师给予他帮助，他的学习也慢慢得到提升。家长很满意我做的工作，S 同学也很喜欢和我沟通。谢谢袁老师！"

在这个案例中，我们深深感知：每个学生都有着一颗幼小的心灵，我们不可不听学生的解释而妄下结论，更不可因为气愤而在没有做好学生思想工作的前提下随便撤销学生职务，这对学生来说可能是一个沉重打击。在学生主动"求救"、想要和老师沟通的情况下，作为老师应该关注而不是主观判断某件事是否可能发生，我们应走进孩子的心灵，及时帮助孩子走出心理阴影。同时，发生此类事情时，教师需要多一些耐心和关爱，智慧地处理问题。

【教育事例剖析】

泰戈尔曾说："人生虽只有几十春秋，但它绝不是梦一般的幻灭，而是有着无穷可歌可颂的深长意义的；附和真理，生命便会得到永生。"生命从哪儿来？到哪儿去？生命的意义何在？对于初中学生而言，他们或许还没有真正思考过这些问题。而在网络中、现实中看到和听到的关于初中学生自残、自杀等新闻、案例，他们的同学、老师和家人都非常难过。如今，随着生活水平的不断提升，学生的物质生活水平虽然得到提高，但在心理上、精神上却出现了不同程度的问题，严重的还有抑郁、自残等现象。

苏霍姆林斯基曾说："一个好的教师，是一个懂得心理学和教育学的人。"在面对学生自残事件时，思政课教师可以做些什么？在《道德与法治》（七年级上册）第四单元"生命的思考"中围绕"生命"话题展开，在第八课"探问生命"和第九课"珍视生命"都可以层层推进，引导学生深入探究与思考。比如，我们可以选取网络中有关学生自残或自杀的新闻继续一步一步地分析。思政课教师可以结合新闻材料，抛出"你如何看待这位同学的做法""我们为什么要关注他人的生命""这个案例对我们有何启示"三个问题。第一个问题"你如何看待这位同学的做法",主要引发学生对生命的思考,明白生命的不易;第二个问题"我们为什么要关注他人的生命",主要培养学生敬畏生命,不仅要关爱自己生命,更要关注、关怀他人的生命;第三问题"这个案例对我们有何启示",主要引导学生学会正确处理一些问题,要学会沟通与交流,更要学会守护生命。在此基础上使学生懂得不管遇到什么挫折都不要做出过激的行为伤害自己的身体,这也是对生命负责的表现。同时,还可以结合案例具体情景,增加"如何面对和解决目前面对的挫折"话题进行讨论,进一步引导学生勇敢面对挫折,以积极的态度去面对问题、以合理的方法进行自我调节,必要时可以借助外力,寻求同学、老师、家长等人的帮助。

人本主义哲学家和精神分析心理学家弗洛姆曾说:"尊重生命,尊重他人也尊重自己的生命,是生命进程中的伴随物,也是心理健康的一个条件。"作为教师,我们不能仅仅关注学生的考试成绩,还要关注学生的思想、心理和情感世界,成为他们的陪伴者、知心者和守护者。

"冤枉"中明事理

【写在前面的话】

"书籍是人类进步的阶梯""书籍是我们的精神食粮""书籍是全人类的营养品"……这些话无一不体现出书籍的重要价值。在教育教学中,我们要用健康的书籍来充实学生的头脑,引导其健康发展,也要让学生抵制不良书籍的诱惑。"不良"书籍的出现,惊扰了8330寝室。8330寝室如何在错误中回头?"读书何所求?将以通事理。"我们教师遇事是否做到了全面了解?是否做到了尊重学生和尊重事实?我们是否很多时候在处理问题时冤枉了学生?

【教育事例呈现】

还记得第一届新生入学后,我专门用了一节班会课与同学们探究如何合理利用零碎时间。在此次班会课中,同学们各自谈到"合理规划课间十分钟,将每一分钟用到实处""温习功课,加强弱势学科""加强课外阅读,拓展阅读量"……结合同学们所谈到的方法,我都给予了指导。其中,为了更好引导学生爱上阅读,我特别鼓励同学们根据自己的兴趣爱好选择合适的书籍,支持他们在课外时间看看诸如《读者》《点亮一盏心灯》《红楼梦》《为你自己读书》等书刊,以提高阅读能力和扩大知识面。

于是,我们全班共同约定,在校期间和其他场所,所有学生不看不健康、暴力、庸俗的小说和漫画等不良书籍。刚开始,效果很好,大家相互传阅正能量的书刊。但时间一长,偷看不良小说和漫画的情况还是发生了。

1. "不良"书籍

"袁老师,今天中午学生午休时间,我在巡查寝室的过程中发现 8330 寝室五个同学中午不午休,都在看小说和漫画。这几本小说和漫画都比较暴力和成人化。我让男生楼长给您带过来,要查查这个事情,避免学生因为看这些暴力凶杀书籍而影响他们的健康心理发展,甚至造成模仿就不好了。"生活老师给我打电话说道。

我顿时非常生气,心想:居然敢这样,必须严肃处理以震慑全班。于是,下午自习课后,我把该寝室的五位同学都叫到办公室进行批评教育。他们进入办公室后,个个低着头。

我拿出他们中午午休时看的那五本书,非常生气地说道:"说吧,是谁带的?"居然没有一个人回答。这时,我更加生气,加大音量说道:"男子汉大丈夫,敢作敢为。到底是谁带的?"然而还是没人回答。我顿时火冒三丈,最后说了一句:"如果没有人承认,那周末所有家长都来学校,你们五个一并按班规严肃处理。"

"是我带的。"寝室长小 H 小声说道。

"是你?"我疑惑地再次问道,因为小 H 同学平日里表现非常优秀,而且将寝室管理得井井有条,我简直不敢相信这是真的。

"是我。对不起,袁老师,我让您失望了……"小 H 一直低着头不敢看我。其他四位同学不约而同转向小 H 看着他。通过小 H 的话语、表情和四位同学的行为,我想肯定是他了。

2. 原来是你

"原来是你,你让我太失望了。身为室长,你居然敢带头带这些书籍到寝室,还和其他同学一起看,你可知道这是害人害己的行为吗?中午午休时间,即使你没有午休习惯或者今天你不想午休,也可以多看看有益的书籍扩充你的阅读量啊,而你却如此浪费自己和他人的时间……"我劈头盖脸地一顿"臭骂",五个人被吓得胆战心惊。

"本周周末放学,把你家长请来,我要严肃处理这件事情。"我郑重地说道。当我说完之后,小 H 眼里含着泪水,一直没有流下来。我猜想,他内心肯定明白了自己的错误。接着,我就让他们自己去活动了。

等他们离开后，我及时给小 H 同学的爸爸打了电话，将整个事情的过程说了一遍。小 H 同学的爸爸也非常气愤，气小 H 同学一是带这么暴力的小说和漫画，二是不但自己看还传阅给他人。于是，我们沟通后决定周末放学时一起教育他，并且按班规该怎么处理就怎么处理。

周末放假前的两天里，我观察到，平日里都爱主动找我沟通的小 H 居然一次都没来，看到我也是躲躲闪闪的，其他四位同学也是如此。我心想，做了错事，不好意思见我是正常的，他们应该是在反思中，所以我并没有特别在意。

3. 被爸爸打

周末放学前，小 H 同学的爸爸来到了我的办公室。我们再次沟通后，小 H 同学的爸爸很理解也很支持我的工作，我们达成一致意见，即这次一定要"重重"处罚，以达到教育全班同学的效果。等放学后，小 H 同学的爸爸亲自走进教室，将小 H "拎进"了我办公室。此时小 H 寝室的其他四位同学在办公室门外等候。

"今天你爸爸也来了，那你当着爸爸的面说说那天的事情是怎么回事。书是什么时候买的？是你主动给他们的，还是他们问你要的？"我看着他说道。

"上周末返校前，我在学校外购买的。本周三中午，我没有睡意，于是打开一本看看。我顺便问他们想不想看，所以就把书给他们了……"

还没等他说完，小 H 的爸爸顿时一巴掌打过去。我赶紧向前，将小 H 同学的爸爸拉来坐着。小 H 同学马上眼泪直流，哭了起来。

"你还好意思哭，你胆子太大了，居然敢这样做！"小 H 同学的爸爸大声地吼道。

4. 被冤枉了

就在这时，有人敲了敲门。我打开一看，原来是他寝室的其他四位同学。其中小 Q 同学说道："袁老师，我们想进来说个事情。"

于是，我让他们进来了。四位同学不约而同地向我和小 H 同学的爸爸鞠了个躬，并且谈到他们都有错。我猜想，一定是在这两天中四位同学看到小 H 受到"冷落",想为小 H 说点什么,另外刚才小 H 父亲的行为促使他们主动来承担责任,为小 H 减轻压力。

"袁老师,其实不是小 H 同学带的,是我们四个都各自带了一些。我作为代表想还原事情真相。"小 W 愧疚地说道。

我和小 H 同学的爸爸互相看了看,一脸疑惑。

"什么?到底是怎么回事,希望你们能如实说出真相。这件事情涉及每个人的责任问题,以及处理问题。"我站起来看着他们严厉地说道。

"袁老师,真的是我们四个带的,与小 H 无关。当天中午,我们都趁生活老师不注意时,在寝室床上偷偷地看。我问小 H 是否要看时,他说不看。但我还是扔了一本给他。就在这时,生活老师发现了我们,看到我们每个人都有这些小说或漫画。"小 Y 解释道。

就在这时,我看到小 H 眼泪止不住地往下流。我递了一张纸给他擦眼泪,同时我心想,难道错怪小 H 同学了?如果不是他的错,为什么他要承认呢?当时我和小 H 同学的爸爸心里都挺茫然的。

"小 H,刚才他们说的是事实吗?袁老师希望你能如实将情况说清楚,避免一些误会。这是对你负责,也是对同学负责。"我引导他说出实情。

"他们……他们……"他依旧很犹豫。

"一个人做错事情不可怕,怕的是在问题面前逃避。如果一个人没有错,就要学会诚实,这是一种品行,更是对自己和家人负责。"我继续引导他坦诚。

"他们说的是事实,不是我。"小 H 认真地对着我和他的爸爸说道。此时,我认为应该先和小 H 继续单独聊聊。于是,我把他带到教室里,和他单独聊了起来。

"从开学开始,我就发现了你具有良好的素养,你主动、积极、有担当,所以我选你为室长,而且你一直以来表现优异。这次是袁老师冤枉你了吗?"我轻声地说道。

"不是,袁老师,你没冤枉我。是我自己替他们担责,才出现了'被冤枉',不是您的错。"小 H 回答道。

"首先,袁老师向你道歉,因为我没有了解事情真相就判定是你,因此使你爸爸对你非常愤怒,还给你带来了伤害,袁老师很愧疚,请原谅。"我首先真诚地向 H 同学道歉。

"袁老师，别……别……别……如果换作是我，若对方自己都承认了，我也会非常生气。我心里清楚您是为我好，是希望我能起好带头作用。"他继续站在我的角度说道。

"谢谢你的理解。那你为何这次替同学承担责任呢？你能给我说说吗？"我疑惑地看着他。

他迟疑了一会儿，回答道："袁老师，我有几个原因。一是当时没有人承认，他们害怕您处理而不敢说，您十分生气，我不希望您继续生气下去，也不想事情继续恶化下去；二是平日里他们热心帮助我，很关心我，我就想替他们挡一次，能更快解决这个事情；三是如果要处理，他们四个都要处理，还不如就处理我一个人，这样他们也就安全了。"

5."包庇"他人

我一听，真正明白了这个孩子的初衷，原来都是为我和那四位同学着想，而承担所有责任"委屈"自己。

"孩子，你为了缓和当时的紧张气氛，主动将所有问题揽下来，是不希望袁老师继续生气，也考虑到同学之情而'牺牲'自己，这说明你能站在他人角度为他人着想，这一点值得肯定，说明你是一个善良的孩子。"我肯定了他的行为具有善的一面。

"但你有没有考虑过，这里面也有不对的地方？"我引导他分析这样的"担责"可能带来更多的问题。

"有不对的地方。这样可能造成他们并没有真正认识到问题严重性而再犯类似错误，还可能因'包庇'他人而犯下错误，更可能让自己的父母为此伤心难过……"他谈到很多方面。

"是的，小 H，帮助他人要看具体的情况，而不是盲目、错误地和没有原则地帮忙，这样对你和对他人都是一种不负责的表现。另外，这样造成你'被冤枉'了，老师和爸爸的心里也很难过。明白了吗？"我耐心地引导着他。

"是的，我这次看似'被冤枉'，其实我自己也存在很大问题，所以不能怪您和爸爸。我知道以后再面对问题时，不能没有原则，应看情况而定。

谢谢您，袁老师。"他微笑着说。

"那等会儿下去和爸爸聊聊，我相信爸爸会理解和原谅你的。"说完我俩回到办公室。

6. 守护约定

小 H 和他的爸爸一起出去在外面交流了。我对四位同学谈道："同学们，有益的书籍是我们每个人的朋友，对我们的成长有着积极的影响。书籍像朋友一样，有'益友'和'损友'之分。我一直以来鼓励大家在零碎时间多看各类有益书籍，因为它有利于丰富我们精神世界和拓宽我们的视野，可以在我们忙碌的学习中使我们得到放松和提升，也不会影响我们正常的休息。所以合适的时间做合适的事情，不仅仅可以做好事，更能做对事。但不健康的书籍会扭曲人的心智，腐蚀人的心灵，不利于形成健康的心理，可能导致你们走上不归路，你们说呢？"我说完后，学生一个个连忙点头。

"袁老师，我们明白了，请给我们一次机会，也请给小 H 一次机会。请您看我们的表现，好吗？"小 L 作为代表说道。

"在错误中能及时回头，并真正意识到问题，袁老师喜欢这样的孩子，我相信你们会以此为戒。但违反规定就是违反了，你们认为怎么处理更合适？"我把问题抛给了他们。

他们立即商量起来。小 L 作为代表向我说道："经过商量，我们要正视我们的问题并勇敢承担。处理一，我们在班会课中给大家谈我们对此事的认识，并引导大家在合适的时间做合适的事情，让全班同学引以为戒；处理二，我们四个做班级图书管理员，组织全班同学每个月至少带一本杂志或书籍，作为班级共享图书，由我们四个把关图书'质量'和管理借阅工作；三是各扣除操行分 5 分。"我一听，看来平日的教育引导还是浸入了他们的内心，既然他们主动承担这个事情，为何不把坏事变成好事呢？

"行，那就按你们说的去做。你们下来做好策划，在班会课中和同学们分享你们的想法。另外，我认为你们还应该去给小 H 和他的爸爸道个歉，因为你们的过错而冤枉了小 H。"说完，他们四个主动去找小 H 和他爸爸道歉了。最后，这个事情得到了圆满解决。

回到家中，我的心情既沉重又高兴。沉重的是我起初没有及时发现学生为他人担责，而导致学生被冤枉，加上我的处理态度非常不好，给孩子带来了伤害；高兴的是圆满地化解了"被冤枉"事件，还原真相，让五位同学都明白了自己的问题所在。

【教育事例分享】

亲爱的读者，你是否也有类似的经历？请结合你的教育教学经历或者经验分享您的教育事例。

第二篇 拓展新思路
——探寻思政之理

每当抬头仰望星空，忆教育教学之行；每当沉醉于星海，思万物变化之律……"苟日新，日日新，又日新"涌上心头。时代在变化，我们也要跟上脚步，用新思路去探寻事物发展的内在规律、教育教学的规律、思政课的教育教学之理。"高山仰止，景行行止。虽不能至，然心向往之。"

思政课教师拓展新思路，探寻思政之理的过程中会有疑惑、会遇到困难，但愿"已是悬崖百丈冰，犹有花枝俏"。

开启转校生的精彩人生

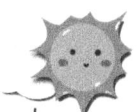【写在前面的话】

学生转校，想必都是有原因的，只是每位学生转校的原因有所不同。在各种原因下，班级发展过程中可能会有新同学到来。为帮助转校生更快更好地适应新学校、新班级、新老师和新同学，我一直非常善于发挥科任教师的力量，共同协作引领学生发展。在初二上学期开学当天，转校的小张同学与副班主任、英语老师熊老师的对话，引起了熊老师对她的关注。我对转校生有一定了解和教育经验，在指导熊老师观察转校生的上课情况、作业情况和考试情况后，让熊老师介入，主动了解和引导小张同学的思想状况、知识水平，进而将班级其他同学的成长案例巧妙地作为教育资源，帮助该生走出困惑。

【教育事例呈现】

今天是初二上学期开学的日子，像往常一样，我坐在办公桌前仔细地检查着学生们的假期作业。这时一个"蹦跳"的陌生身影从我身边闪过，来到了我身后袁老师的身旁并和他自信地交流着。那是我第一次听到她的声音，自信又大方。在与袁老师短暂的谈话后，她转身来到了我的身边。"老师好！我是本学期转来的小张。"初次见面，她的落落大方刻在了我的心里。

当天，小张同学的家长陪同小张来到学校，并在与我的交谈中提到了英语是小张的弱项，于是我有点担心小张不能尽快适应新的环境，也担心她在新的环境里跟不上课程的学习任务，甚至出现负面情绪和行为。

果然，通过前三周对小张同学的观察，我发现她渐渐失去了最开始的那种自信。一到上课时间，注意力便不集中，课下也不敢直视老师和同学的眼睛。于是我主动地找到她,并和她约定这周三晚饭后六点在学校操场旗杆处见。当她反应过来我要找她谈话时,先是一脸惊愕与疑惑,但最后还是答应了。

周三晚饭后,当我到达操场时,发现她已比我早一步到达了。她在旗杆处向我挥手示意,我便径直向她走去。为避免尴尬和引起他人注意,我们沿着操场慢慢地走着,她不怎么说话,看上去有一点紧张。为了不让她有太大的心理包袱,我先和她聊了聊家常,我问一句,她便答一句。就这样,她慢慢地打开了话匣子。

1. 单词听写本

"你在新学校、新班级里还适应吗?感觉怎么样?"我关心地问道。

"还行吧,刚开始的几天还不太习惯,这些天感觉好一些了。"小张说。

听到这里,我知道她并没有说实话。这时我没有急着问她话,而是把放在包里的另外一位同学的英语听写本拿给她看。

"这是什么时候的听写内容,你看得出来吗?"我一边翻着手中的听写本一边问她。

"这是初一上学期的……对,初一第一学期时候学的!"她肯定地回答到。

"你觉得她的听写情况怎么样?"我继续问道。

"她的字迹看上去潦草,而且写错了很多单词,其中还包括一些很简单的单词,比如……"小张回答道。

我转过身看着她,并问道:"如果是你,你会怎么做?"

她不假思索地说:"其实初一的内容不难,多下点功夫就行了。"

"你的想法很对,英语学习需要日积月累,我们要舍得下功夫。"

2. 句子听写本

接着我又拿出了这个同学初一下学期的听写本。

小张看到后一脸惊讶,说:"单词错了很多,而且大部分句子都是错的。"

"是的。如果是你,你会怎么做呢?"

她若有所思地对我说:"或许我会开始怀疑自己,但是还是想再坚持一下。"

3. 你想要的英语听写本

这时我拿出了第三个听写本给小张看。

"咦？这不是前两天你在班上进行展示的小谢同学的听写本吗？而且所有同学都没想到她会在第二单元的考试中取得班级第二名呢。"

"是的，这个听写本就是前天在班级上展示的听写本，这个听写本是小谢同学的，这三个听写本都是小谢同学的。"

然后我一句话也没有说，把三个听写本拿给了小张，并拍了拍她的肩膀。小张同学重新翻看着那些旧旧的、错误百出的听写本，居然湿了眼眶。

4. 听写本带给我的精彩

一会儿后，她主动对我说："熊老师，之前我害怕，害怕学不好，更害怕同学们因为我是转校生而看不起我。"

这时我开导她，说："每个人都会遇到困难，对于困难，我们要想办法去解决它，而不是莫名地害怕，甚至逃避……"这时她点了点头。

为了让小张同学彻底放下心理包袱，我继续引导她，"小张，在学习和生活中如果遇到任何困难，可以随时来与我交流，不要让小问题变成大问题，最后让这些问题困扰着你。熊老师很愿意帮助你，希望你丢掉你的害怕，不畏艰难、大胆向前。我相信你会做到，我也相信你会学得更快乐。你的初中生活会因你的努力和选择而精彩。"

"我不再怕了！"小张微笑着对我说。

自从那次交流后，小张同学变化很大。她的脸上又流露出我们初次见面时的那种自信，虽然她还是遇到了很多困难，但都能勇敢面对了。

这件事情让我们看到，老师细致的观察和及时的关心对学生的快乐学习和身心健康发展是多么重要。处于青少年时期的学生在遇到问题时，往往不善于寻找问题背后真正的原因，也不善于及时向同伴或老师寻求帮助，而是盲目地否定自己，导致自信心受挫。作为老师，除了要密切关注学生的学习成绩外，也要时刻关注他们的思想变化和心理健康，用心观察他们的言语行为，及时发现他们的心理变化，与他们真诚地沟通交流，帮助他们走出困境，找到自信，一步一步走得更踏实、更有力量。

【教育事例剖析】

一般而言，转校生或因为家庭的原因，或因为求学的原因，或因为在原校与同学老师等相处的原因而选择到其他学校就读。面对转校生，不同的班主任、科任教师有不同的对待态度。不带"有色眼镜"看待转校生，这是教师基本职业素养使然。发自内心地主动关心、主动帮助和主动引导转校生适应新环境、解决新问题，这是教师师德修养之必需。

从小张同学的案例中，我们可以看出小张同学面对着特定的学习困难和学习压力。如果不能很好地突围，她很可能失去信心，产生放弃英语学习的念头，甚至出现比她在原来学校更糟糕的情况，庆幸的是科任教师从小张同学的表现看到了小张同学面临的问题，提前准备，采取有针对性的措施。因此，科任教师要主动与班主任常态化交流班级学生情况，班主任也要多与科任教师协作，科任教师还要对学生进行充分的了解和交流，进而开展教育引导。

有时，班主任的介入并不一定是最有效的，而科任教师在合适时机的介入，可能会收获意想不到的教育成效。科任教师应结合学生实际情况，善于挖掘和使用班级同样或类似情况同学的教育资源。资源来源于班级，来源于同辈群体，来源于真实，能真正有效地帮助学生认识学习压力以及正确对待压力，鼓励学生勇敢面对问题。

面对学生在学习压力方面的问题，思政课教师在《道德与法治》（七年级上册）第一单元"成长的节拍"第二课"学习新天地"教学中开展讨论与交流。

在"学习伴成长"课时中，可以交流小学升入初中以来的学科变化、学习内容变化、学习方式变化、学习评价变化等，帮助学生正确认识不同学习阶段的变化。同时，了解学习的含义，学习不仅包括知识获取，而且包括能力培养和学会做人以及校内校外所听、所尝、所触、所思、所做等方面。小张作为转校生，面对新环境、新情况时去解决问题、克服困难，这些都是知识以外的学习收获。思政课教师可以结合初一的内容与学生交流，让学生懂得这就是经历，是学习，更是成长。

在"享受学习"课时中，要帮助学生认识到学习有苦有乐，需要我们以坚强的意志勇敢面对困难，并且采取积极态度、科学方法和恰当方式去学习。人们常说初二是学生学习的分水岭，难度加大、学科增加、任务加重，学生容易出现分化严重、偏科明显的现象。科任教师需要有一定的"初二变化"意识，平时多观察、多沟通、多帮助，引导学生正确面对困难的"苦"，在"苦"中提升能力，收获成长。

"一米"是最美的尺度

【写在前面的话】

刚大学毕业的新入职教师，往往不具备真正的一线教育教学经验，多是观摩学习、浅层次实践，若未把握好与学生之间的距离，就会出现师生间不愉快的场面。初任思政课教师和班主任的我也与众多新老师一样带着对教育的热爱走上了教育工作岗位。为了能更好地建立师生关系，我和学生走得很近，师生关系也和谐，然而……通过反思，我认识到问题的症结所在，不断反思和向老教师请教经验，主动与学生交流沟通，帮助学生认识到教师角色的多样性，理清问题，引导学生看到自己的不足之处，从而理解老师的严格教育是对学生的负责，有效化解了此次师生的矛盾。

【教育事例呈现】

还记得大学毕业后来到中学工作时，我担任了初中思想品德课程的学科教师和初一八班的班主任，这对于一位新人来说是一个不小的挑战。但年轻人不来担担子，谁来？

1. 初 衷

为了做好课程教学工作和班主任工作，更好地走近学生，赢得学生喜爱，我处处和学生打成一片。

小张同学性格开朗，积极主动，自然更能赢得我对他的喜爱，我们接触的时间也就更多了，我经常在课后给他辅导思想品德课程的相关内容，他还称呼我为"袁哥"，师生关系感觉十分和谐，亦师亦友，我心里也洋洋得意。

2. 偏　差

然而，我和小张同学之间的"和谐关系"却没有维持多久。

开学两个月后，进入寒冬时节，天气越来越冷。一天，小张同学因赖床而起床晚了，他起床后不但没有整理床被，而且连寝室卫生也没有做就离开了寝室。生活老师检查寝室时看到寝室情况后非常生气，及时给我打电话，告知了检查情况。我听到消息后，对小张同学的做法顿时火冒三丈。

小张笑嘻嘻地来到我的办公室，毫无敬畏之心。

"袁哥，什么事情啊？"

"什么事情？你觉得会是什么事？你认为你做错了什么事情？"我表情十分严肃，语气稍重。

"我无非就是今天早上起床晚了一点吧，你没必要这样吧？"他反问我道，站姿也很随意。

"仅仅因为赖床晚起了一点吗？你现在马上给我站好！"我顿时想狠狠教训他一顿。

他看到我十分生气的样子，也乖乖站直了。但他仍反驳道："袁哥，我今天无非就是赖床晚起，也没有整理床被和打扫寝室卫生。你平日对我那么好，为什么今天这样对我？我再也不喜欢你了，你变了。"说着说着，小张在办公室哇哇大哭起来。

听了他的这些话后，我顿时手足无措，哑口无言，不知道该说些什么和做些什么。过了一会儿，我假借有事，先让他回到教室上课。

我一个人在办公室再三思考从带班开始与学生的相处方式，以及刚才小张的"辩解"，陷入了深思。

是我错了吗？

3. 出　路

经过不断的反思和向老教师请教经验，我明白原来我真的错了，我为了走近学生而忘记了作为老师的身份，更多地想着如何走近学生，却只近不距（保持一定距离）、只近不惧（树立一定威严）、只近不矩（遵守一定规矩），没有把握好与学生相处的尺度，才出现了老师批评学生而学生不接受的现象。

我再次找到小张同学。首先我给他分析了老师的角色是多种多样的："老师既是你们的朋友，也是你们的师长。作为老师，不仅要教你们学习知识，还要教会你们如何做人、如何做事。当你们出现不足的时候，老师需要给你们指出来，这才是老师真正关爱你们的表现，这才是良师益友。如果面对你的问题我都不指出来，那就不是真正的朋友。你和同学做朋友也是一样的，不是对你的缺点不管不顾，而是更多地指出缺点、帮助改正缺点。"

看到他时不时点头，我知道他认同我这样的分析、看法。接着，我谈到关于寝室的问题："寝室是每个同学的家，是培养生活习惯的场所，从早上赖床开始，一天的生活计划便会被打乱，会让自己处于慌乱状态，还会影响到集体荣誉，给自己和集体都带来不好的影响，你觉得呢？"他再次点了点头。

4. 和　谐

最后，他向我道了歉，并谈到之前所说的话不对，以后会更加注意与老师的相处，不能因为与老师熟悉就很随意。

经过这次事件以后，我更加懂得老师应从心理上走近学生，注意教师特殊的角色，与学生保持一定的距离，严爱相济，才是适宜的师生交往，才能更好地帮助学生。否则，很容易让学生和老师都迷失自己的身份，造成师生关系紧张与恶化。在以后的带班中，我通过自己的改变，既让学生爱我，也让学生与我有所距离，师生关系和谐、有张有弛。

【教育事例剖析】

"关爱学生""为人师表"是教师职业的内在要求，是教师专业发展的必然前提。在现实之中，刚大学毕业的年轻教师，对于教育工作有着极大的热情，但又缺乏管理经验、缺乏与学生交往的经验，往往更多地想着自己如何走近学生，与学生做朋友，而较少从学生角度思考学生应如何走近老师，亲其师信其道。如何开展师生交往？何种师生关系才是适宜的？

案例中刚入职不久的教师，为了能让学生喜欢自己、喜欢本学科，在与学生的交往中走得很近，也在一定程度上得到了学生的认可，乃至"称兄道弟"，师生之间没有距离。然而，当学生违纪或者出现问题时，若教师不进行批评教育，就是对学生的"纵容"，学生容易走向认识的误区；若老师从"朋友"转变为批评者、教育者，从温和变成严肃，学生就无法从内心接受这一现实，往往会并认为老师不够仗义、不够朋友，从而出现排斥、抵触的现象，师生关系出现矛盾、裂痕。

你是否入职之初也曾遇到类似的问题？是否也曾把握不好师生之间相处的距离？我们知道，教师角色多样：既是教育者，也是管理者；既要关爱学生，也要严格要求学生；既要拉近师生心理上的距离，也要在认识上拉开师生距离。在小张的故事中，老师为走近学生，只近不距（保持一定距离）、只近不惧（树立一定威严）、只近不矩（遵守一定规矩），导致学生未分清教师多种角色，让学生对"师生朋友""亦师亦友"产生误解，出现了学生难以接受老师批评的现象。这启示我们一线教师，要把握好与学生相处的尺度，在情感上与学生拉近距离，但勿忘记自己教师的身份，在不同场合要有不同的角色，要帮助学生认识教师角色的多样性，明白教师的温柔与严格，懂得原则与感情的区别。生活中的"一米线"体现着社会文明的进步，折射着人们的公德意识，丈量着人们的文明程度；师生间的"一米线"，不是隔阂，不是鸿沟，是文明的距离，是爱的距离，因为爱你，距离"一米"。刚柔相济、一张一弛，才是师生交往之道。

说起师生关系，思政课教师可以有效结合《道德与法治》（七年级上册）第三单元"师长情谊"的教学内容就相关话题进行讨论。在第六课"师生之间"中，有了解教师职业、接纳不同风格的教师、正确对待老师的表扬和批评、正确处理与老师发生的矛盾等方面的内容。教师可以引入教师本人和学生的具体事例开展教学。比如，教师本人是如何成为一名教师的？可以将自己的毕业证、教师资格证、各种培训结业证以及学习的教育法规等作为素材，帮助学生更加了解教师职业。还可以让学生观察教师在校的工作，与班级同学分享自己的观察，无形间让学生更加明白教师工作的辛苦，也分析出不同教师有不同的风格，从而理解和接纳教师之间在不同方面的差异，多看教师的优点和长处。小张同学这个案例可以作为情景创设，生生讨论，帮助学生认识到教师的不同角色，正确对待老师的批评，知错改错，并不因为自己犯错而影响师生正常的交往，主动改正错误，反而还会增加师生情感，进而与老师建立良好的关系。

爱不是规则下的"捆绑"

【写在前面的话】

有男子汉气概的 J 同学连续两次在寝室犯错,并自觉搬离寝室。毕业后,J 同学考上了重点高中,在离别时 J 同学送了我一张卡片,卡片中对当时在寝室所犯的两次错误进行解释。J 同学究竟犯了什么错促使他搬离寝室?如果是其他人犯错,他还能考上重点高中吗?是他应该感谢我的严厉教育,还是我应该反思自己的教育活动?

【教育事例呈现】

一直以来,我在学生寝室管理过程中实行"捆绑制度":以寝室为单位,若某寝室未被评为文明寝室,则寝室所有成员不加分;将学生寝室的文明状况作为评优选先、推荐入团的重要依据之一等。在"捆绑制度"下,我们班学生寝室在每月的考核或评比中全部都被评为文明寝室,我也因"捆绑制度"带来的管理效果而暗自庆幸、得意扬扬。

1. J 同学的行为

然而,进入初二下学期以来,8333 寝室却连续出问题,而问题几乎每次都出在 J 同学身上。

第一次是 J 同学在寝室吃方便面。青春期的初中学生正处于身心快速发展阶段,学校为着学生健康成长的考虑,特别强调不允许学生带方便面等食品进寝室。然而,J 同学居然趁周末下午返校时,在寝室里悄悄地吃起了方便面,还将撕下的调味袋藏在寝室书桌里。生活老师发现 J 同学的行为后，将相关情况告知了我，我把 J 同学叫到办公室，对他进行了询问：

"你为什么要吃方便面？你不知道宿舍规定吗？"

"我知道。我没吃晚饭，因为……"

我火冒三丈：他肯定又想找个什么理由搪塞我。于是，我没让他继续解释。我想 J 同学曾经有过说谎的行为，他肯定要找利于自己脱身的理由。

"学校明确规定寝室里不能吃方便面，你居然这么大胆，吃了不说还把调味袋藏书桌里，太过分了。因为你，你们寝室直接被取消文明寝室称号！"我继续狠狠地批评着。同时，为了"杀一儆百"，我让他必须在全班同学面前做检讨，并自己谈如何处理此事（即处罚），否则请家长来学校处理此事。

2. 对 J 同学的惩罚

后来在班会课中，J 同学自觉走到讲台，同学们都全神贯注地观察着他和我的表情。他说道："我违反了学校的规定，在寝室吃方便面，甚至将食品袋藏起来，行为很恶劣；由于自己的过错，我们当月文明寝室被取消，我非常抱歉，对不起寝室同学们。"说着说着，他还当场落下了眼泪。

其实，当时我看到他落泪，本想走过去为他"解围"，但想到必须给其他同学一个警告，我就没走过去。等自己冷静了以后，他继续谈道："为此，我自己给自己扣十分操行分，并主动打扫寝室一周。若我再在寝室出现一次问题，我就搬离寝室回家住。"当 J 同学说完这句话后，我观察下面学生的表情，确实产生了一种震慑的作用。我也期盼着 J 同学不要再出现类似的情况。

3. J 同学的代价

然而，时间仅仅过了一周，他们寝室又出问题了，问题还是出在 J 同学身上。

此时，我心里更加气愤，难道上次的事情还没对 J 同学产生教育作用吗？今天刚好是周末放假时间，于是我给他妈妈打电话，请他妈妈来学校交流一下。他进办公室后，看到妈妈也在，头一直低着，脸通红。我心想，我看你这次怎么解释，怎么面对自己的错误。

"这次你怎么解释？当着你妈妈的面，你给我们说说为何中午不午休还讲话？"我生气地说道。

"我……我……"他支支吾吾，却始终不说。此时，我看到他这样的态度，顿时什么都不想继续听下去了。

"别说了，午休时间都已经过了半个小时，你居然还在说话。你自己说，怎么处理这个事情？"

"袁老师，我之前承诺过，如果再违反寝室规定我就搬出寝室。这次我又违反了，我无话可说。每天我通校回家，自己坐车来回学校。"

他的妈妈一听到孩子在寝室吃方便面、说话等事情，心里也十分生气。J同学妈妈说道："让你好好住寝室，你一次次违反寝室规定，那就按你说的，搬离寝室，每天自己坐车上下学。"最后，J同学妈妈带着他搬离了寝室。

此事在全班掀起了"轩然大波"。学生们变得更加自律了，卫生、内务、纪律每天都合格，我心里很是高兴。J同学也由此付出"代价"，也变得更听话了。

4. J同学的实情

毕业后，J同学考上了重点高中。家长还带着J同学特意到我那儿表示感谢，感谢我曾经对他的严格教育，否则可能就没有今天。离开时，J同学送了我一张卡片，还特别说道："等我们离开时，袁老师再打开吧。"当他们走后，我打开一看，卡片里面有一封信。除了感谢，里面还有一段话让我久久不能平静。

"袁老师，您还记得方便面的事情吗？其实是由于我周末在外学习，时间非常紧，我没来得及吃晚饭，周末下午返校就买了方便面在寝室吃。但是时间还是不够，快到上课时间了，我临走时就把东西先放在桌子里，本想晚自习回去后清理，结果就被生活老师发现了，所以才有那事。"

"您还记得我中午不午休说话那次吗？其实，当时是因为D同学牙齿脱落流血了，我下床给他拿纸，边拿纸边问他情况如何，结果就被老师发现了。但我不好意思再次解释，因为我确实在不该说话时说话了。作为男子汉，我得为自己行为负责。"

看后，我十分自责。原来，当孩子犯错时，我为了更好管理，不分青红皂白，没有给予他说话的机会，没有给予他信任，也没有了解到事情的真实原因，忽视了孩子的感受，我伤害了这个孩子。此时，我连忙跑出去，J同学却已离开，我一个人站在那里久久没有离开。

【教育事例剖析】

多数教师在一定程度上不是很喜欢调皮、不听话的学生，因为这些学生不仅影响自己还影响了他人，给教育教学带了冲击和破坏。因此，一般情况下，搞破坏、不遵守规则的学生，往往会受到一定的惩罚。诚然，恰当的教育惩戒对于学生健康成长、教师教育活动开展有着积极作用。而多数情况下，我们是否思考过我们的惩戒是否真正促进了学生健康成长和教师教育活动开展？或许，我们可以想想，如果不这样对待J同学，还能用哪些方式对待J同学；如果用这些方式对待J同学，J同学会有怎样的反馈，其他同学们会有怎样的看法。不要让惩戒成为教育学生的"杀手锏"，不让"捆绑"束缚了学生的发展。

庆幸的是J同学对规则有清晰的认识，并有高度的自律，也并没有因为此事而恼怒；庆幸的是老师也没有因为此事而放弃J同学，只是没想明白J同学为什么会犯类似的错误；师生之间也并没有因为此事而产生隔阂。其实，J同学是个好孩子，教育不单是遵守，更是合理的改进。我们的教育乃至严厉教育应该是有温度的、有情感的，若我们站在学生角度考虑问题，给学生足够的空间，或许教育不会留有遗憾。

思政课教师在进行《道德与法治》（八年级上册）第二单元"遵守社会规则"教学时可结合相关话题来讨论。其中，第三课"社会生活离不开规则"要求我们维护秩序、遵守规则，可以更好地结合学生情况开展活动。而在教学中，往往有学生会有疑惑，比如有学生提道："规则就是用来打破的，不打破规则怎么会有新东西，小学的时候，老师都讲过司马光砸缸的故事，我们不应该受到规则的束缚。"学生的疑惑，恰好是教育教学的契机，要让学生明白规则也需要维护和改进。结合上面的案例，J同学可能觉得自己不遵守纪律、做了破坏规则的事情，怕给同学、老师带来负面影响，而没有坚持把问题产生的原因、自己的本意解释完，或许老师听完 J 同学的解释后，再做下一步"处理"，教育效果会更完美。

不抛弃不放弃

【写在前面的话】

学生从家庭生活转向班集体生活，彼此间难免会发生磕磕碰碰，出现不和谐的声音。小龚同学被寝室投诉、被寝室"抛弃"，这或许是我们在教育教学中会遇到的棘手问题。处理好投诉事件，能让"被抛弃者"获得原谅，重新回到集体之中，感受到温暖；处理不好投诉事件，可能会加剧寝室成员之间的矛盾，"仇恨"可能一生相伴。作为思政课教师与班主任，我巧妙地采取各种方法帮助寝室成员理清问题及原因、反思投诉事件，让学生认识到美好集体需要你我共建，需要"不抛弃不放弃"，才能拧成一股绳。

【教育事例呈现】

上午放学后，班里的小龚一脸沮丧地来到我办公室，用可怜的语气对我说："袁老师，他们不和我在一起了，他们不要我了……"当听到这句话后，我大吃一惊，特别是看到泪水在他眼眶中打转时，我内心有一种莫名的惊慌。我猜想：不要他，难道出大事了？

在细心听小龚讲明缘由之后，我立马意识到：确实发生大事了。

1. 你"拖后腿"了

小龚是男生 607 号宿舍的成员，经常因为个人原因扯大家的后腿。小龚经常不按时休息，常在规定时间外说话影响他人，而且打扫卫生也不认真，造成寝室连续两个月与"文明寝室"擦肩而过，该寝室的成员对他的意见比较大。

就在昨天晚上睡觉时，小龚又因为不遵守纪律而被生活老师点名批评。原本寝室的其他成员就对小龚有非常大的意见，这次他又违反纪律，其他成员积聚已久的怨气和怒火一下子便被点燃了。

突然有人大声地说："小龚，换寝室，搬出我们寝室，我们不要你和我们一起住。"这句话一出，其他成员都纷纷附和，并举手表示赞成。室长跑到生活老师那里，说寝室进行"民主投票"，要换掉小龚。

这就有了后面小龚在我面前哭诉的场景。他觉得大家都不要他了，他被这个小集体孤立了，感到非常伤心。

2. 希望改正错误

看着小龚流泪的样子，我明白这个孩子从内心感到了危机，他是害怕被排挤在寝室之外。

我用纸杯给他倒了一杯水，并拍了拍他的肩膀对他说："其实，你没有发现，他们并不是不要你，而是希望你能改正你自己的错误。"

听到这句话，他抬起头看着我，眼睛里充满了迷茫。此时他的情绪稍微平静了下来，我接着说道："那我们一起分析一下，他们为什么要让你搬出寝室呢？"

小龚再次低下了头，轻声地说道："这两个月我在寝室表现得很不好，经常不按时休息，打扫卫生不仔细，还时不时乱拿他们的东西……由于我的原因，寝室连续两个月都未被评为文明寝室。"从他的话语中，我感受到了他的内疚和自责。

我说道："有句话说得好，'我+我们=完美的我'，一个人只有将自己融入集体，与同学共同和谐相处，才会有更多的同学认可你，欣赏你和喜欢你。寝室是一个整体，不是一个人或两个人做好就好，而是每一个人多做一点点，履行自己的职责，整个寝室才能变优秀。我相信其他几位同学并不是真正地埋怨你和排斥你，你对自己的不足有没有给他们道过歉呢？"

"没有……"

"那你知道该怎么做了吗？"

小龚点点头说："袁老师，我明白了，我知道我该怎么做，请您放心。"我对他微笑一下，并与他挥手告别。

3. 游戏中体验团结

为了让607号宿舍其他四名成员也能更好地原谅和接纳小龚,在下午的活动课中,我把全班同学组织到操场,大声地说道:"今天的活动课,我们全班一起玩一个游戏,游戏的名字叫作'五人四足',这个游戏我们以寝室为单位来比赛。"

当听到玩这个游戏的时候,全班同学都沸腾了,可是我看到607的同学似乎兴致不是很高。

我大声宣布:"我们分成男子组和女子组,我们班有6个男生寝室和4个女生寝室;游戏比赛分为三轮,由三轮的总成绩组成;每轮比赛的名次以积分的形式表现出来,第一名5分,第二名3分,第三名2分;三轮结束后,根据排名积分高低,我们加操行分以及送出神秘礼物。"

首先,女子组先进行游戏,等女子组比赛完毕后,我让女子组第一名发表游戏感言,总结在游戏过程中取得好成绩的"奥秘"。她们谈到了"这是一个团体游戏,一个人强要带领寝室的人一起强,寝室强才能有赢得好成绩的把握""一个寝室的全体成员越团结越能取胜,否则容易失败"等等,这些话,站在女子组第一名旁边的男生607寝室的同学都听到了。

轮到男子组一起比赛了,比赛开始之后,果然小龚的寝室最先出现情况。不过出现情况的不是小龚,而是另一位同学。这位同学跟不上大家的节奏,使得他们的队伍出现了混乱,但是,小龚在此过程中却没有抱怨,而是一直给对方鼓励,让大家及时调整。慢慢地,他们小组进入了状态,动作明显比其他小组更协调了。最后,他们获得了第三的成绩。我宣布名次的时候,他们像其他小组一样相互拥抱,每一个人脸上都充满笑容。

4. 做更好的自己

在比赛结束后,我找到了男生607寝室的全部成员,静静地看着他们,看着他们脸上的笑容,我明白他们知道了团队的内涵。

我问他们:"这个比赛,你们感觉如何?有何收获?"

室长马上举手说道:"要赢得比赛,必须每位成员相互配合,当成员出现差错的时候,不要急于抱怨和埋怨,要相信队员。"

"小龚，你呢？"我把眼神抛到他那里。

小龚说道："我更加明白了集体的力量，以后我会做好自己，不让团队因我而落后。之前，我表现不好，拖累了寝室，我对大家说声'对不起'，请大家原谅我，我很珍惜和你们的友谊。"小龚的眼泪再次落了下来。

此时，我故作严肃，说道："607的同学们，你们来自不同的家庭，有缘生活在同一个寝室；以前小龚同学表现不好，给寝室拖了后腿，他也认识到自己的错误了；在这次游戏过程中，当大家面临困难的时候，小龚同学没有放弃，不断鼓励、不断调整，在团结互助之中，大家也取得了很好的成绩。现在老师给你们一个再次选择的机会，你们决定是否换掉小龚。"

其他四人低下了头，一会儿，所有成员连忙过去抱着小龚，每位成员也真诚地谈到自己的不足，说相信通过大家的努力，可以继续争当文明寝室。一位成员告诉我："袁老师，我们不应该排斥小龚，我们应该想办法帮助他，这才是团队，我们错了。"

后来，607寝室的进步显而易见，多次得到生活老师的表扬。这样，不仅化解了排斥现象，也提升了团队凝聚力。

【教育事例剖析】

我们每个人都是集体中的一员，集体的好坏取决于每个人的表现与努力。为更好规范学生生活习惯，宿舍会有各种要求和评比，以一个寝室为单位，综合所有寝室成员表现评选文明寝室，而文明寝室的评选自然就涉及寝室集体荣誉和班级集体荣誉。小龚同学由于自身表现不佳而影响到寝室成员，如：经常不按时休息，打扫卫生不仔细，还时不时乱拿寝室成员的东西……自然导致了寝室其他成员的反感，甚至出现了寝室成员进行"民主投票"的现象，出现了最终要换掉小龚的局面。小龚意识到问题的严重性，主动向老师求助。

老师根据小龚的描述和对寝室情况的了解，很智慧地采取"追根溯源、探明原因""单独谈话、反省悔悟""团队游戏、体会团结""自主选择、情理两难"四步处理问题的方法，帮助小龚理清被寝室排斥的原因，指出症结所在，反省如何改正。同时，老师为让寝室成员懂得团队的重要性，通过团队游戏、分享交流，让学生明白了当问题出现时，理解应大于埋怨，帮助应大于放弃，多些沟通，共同努力，共建美好集体。在老师的帮助下，小龚成功地化解了与寝室成员的矛盾，取得了寝室成员的谅解，并与寝室成员和好。

  关于"集体"这个话题，思政课教师在《道德与法治》（七年级下册）第三单元"在集体中成长"可以结合学生生活实际开展教学。思政课教师可以设置几个学生生活中的常见现象情景。比如，"自习课时，为了想和同学说话而让其他人传纸条""下课后，把自己用过的卫生纸到处乱扔，不想多走几步放进垃圾桶""寝室里，轮到自己打扫卫生时敷衍打扫，总是因自己的不细心而导致寝室被扣分通报"等。教师组织学生讨论交流，在交流中明白我们每个人不是单独的个体，需要生活在集体之中，感受集体的温暖，这也是我们每个人对集体情感的需要。我们不能只顾自身利益，而不顾集体利益。自习课说话、寝室打扫卫生不认真、乱扔垃圾等发生在学生生活中的情况，看似暂时得到了满足或者轻松，但却因为自己而导致集体利益受到伤害，可能会引起其他同学的反感或者意见，让班级"和声不美"。学生交流后，教师可以运用团队游戏、两难选择等形式和方法，让班级学生明白集体内部有时出现一些矛盾是正常的，解决矛盾需要沟通，需要大家共同努力。而建设美好集体，需要每个同学承担集体责任，各尽其能、各司所职，做好分内分外事情，共同维护班集体荣誉，才能向着班级共同的目标而努力。最后，教师可以引领学生：我们每个人或许为集体所做的有限，但管好自己，上好自习课、认真打扫卫生、不乱扔垃圾等小事是完全可以做到的。其实，爱集体很简单！

被学校通报之后……

【写在前面的话】

"你被学校通报了",这简单的几个字足以让人心惊。"为什么要通报我,我又没做错事,有人要找我麻烦",这可能是多数人的第一想法。我在面对"通报"时、面对学生的"打抱不平"时,没有"顺势而为",而是"逆势而动",既还了自己的"清白",平息了学生的"怨愤",也让学校管理者更好地改进了管理。一次批评、一个电话、一句话语、一份责任,一举多得。

【教育事例呈现】

"袁老师,您被学校点名批评了。"很多同学不约而同地说着这句话。当我听完他们的述说后,我心里很纳闷,难道我做错什么事情了吗?我疑惑不解。

"你们在哪儿看到的消息啊?"

"我们在学校网页校内公告中看到的,说您没到位,您马上看看吧。"学生们语气中带有很强烈的"气愤",似乎是在替我打抱不平。

1. 大扫除不在岗

我快速打开学校网页,点开了"大扫除巡查通报"。一看,上面确实有我的名字,原因是政教处老师在检查大扫除时没有看见我在教室指导学生大扫除。当时,我心里很委屈,也很气愤。委屈的是我昨天确实一直在指导学生开展大扫除活动,打扫卫生,在学生快打扫完教室时,我就下楼去了我们班的工区,指导楼下的学生如何打扫工区卫生;委屈的是被学校公开通报批评，面子挂不住，有损自身和班级形象。

"袁老师，这对您很不公平。您那么负责，昨天您在教室里面指导我们打扫教室卫生，结束后您还在工区那边指导大家打扫，我们班的卫生做得非常干净。但您还被批评了，这可不行。"班长小陈不乐意地说道。

"是的，学校怎么可以这样？不表扬您反而还全校批评您，这是他们的不对。"劳动委员小何也十分生气。

"袁老师，我们去给您证明你没有不到位，我们不能让您承受这种委屈。"小杨直率地提出了这个建议。

同学们为我"打抱不平"，矛头对准学校，"火药味"也越来越浓。我知道，这群学生是爱我的，他们是不希望我受委屈。他是想安慰我和帮助我，让学校还我一个公道。其实，我心里清楚，这个事情不能完全责怪学校相关老师，我也有责任。这个时候，我想到这件事情是很好的教育契机，我想让学生看到我是如何处理"受委屈"一事的。

2."免提"交流

我立即拨通了负责检查卫生的张老师的电话，和张老师沟通起来。我故意把手机开为免提状态。

"张老师，您好。我是袁老师，我想请问下您今天在学校网站上通报我昨天在学生打扫卫生时没到位一事。"我语气非常平和地说道。

"袁老师，您好。是这样的，学校为了保证学生的安全，大扫除需要老师在现场指导学生进行，以防止学生在大扫除活动中为打扫干净一些危险区域而做出一些危险行为，发生安全问题。昨天下午我们来教室检查的时候，您班的教室打扫得非常干净，但您不在。所以我们就通报了，还请您理解。"张老师很耐心地解释道。

此时，同学们看到我和张老师双方都非常温和地交流，以及通过张老师的解释似乎明白了学校这样的做法背后是对学生的负责，也明白了学校为何通报。从他们的表情中看得出他们稍微平静了些。

"原来是这么一回事。张老师，谢谢您的提醒。具体情况是这样的，昨天我确实到位了，我先指导教室同学打扫卫生，教室的卫生打扫基本完成后，我去楼下指导打扫工区的同学了，让他们学会如何快速有效地打扫。

可能你们来的时候，我刚下楼去，昨天放学了我都还在指导。"我再次很细心地解释道。

"袁老师，对不起啊！我们不知道情况是这样的，这是我们工作的失误，对不起。"张老师连忙说道。

"张老师，没关系。其实，我知道学校这样做是为学生着想，但我走时也应该给您打个电话说明一下，这是我做得不好的地方，所以才出现了这个误会。"我也发自内心地向张老师表达出我的歉意。

"谢谢袁老师的理解，我们会及时修改通报内容。以后我们会更加注意这个问题，我们也应该及时与您联系后再确定您是否到位，避免出现这样的误会。这给我们工作也带来了很大的启示。"张老师感谢道。

"没事儿了，张老师。我也从这件事情中明白了做事需要做得更仔细，需要及时说明，谢谢您。"

3. 被学校通报后

我望着同学们，微笑着说道："这事已经处理好了。"大家一致地鼓起了掌，掌声持续了很久。或许是因为澄清了事实，我的通报批评被撤销了；或许是因为学校会进一步改进管理，学校发展越来越好。但我知道他们通过这件事和我的处理方法明白了很多道理。此时，已经不需要我再给学生们多说些什么了。

第二天的班会课，班长特意做了主题为"老师被学校批评后……"的微班会，故意请当时不在场的同学发表看法。后来，班长将此事与全班同学分享，当时在场的同学也纷纷表达从这件事情中得到的收获，其他同学也时不时点头认同，这次事件反而成为班级学生学会换位思考、积极沟通、化解误会和大度包容的重要一课。

【教育事例剖析】

被学校通报、批评自然是一件不光彩的事情，更何况这件事情发生在老师身上，发生在工作兢兢业业、受到学生的喜欢和爱戴的老师身上。就"大扫除"这件事情而言，老师的表现可以说是无可挑剔的。老师按照学校的要求，在教室里面指导学生大扫除，也避免学生在大扫除过程中发生危险；同时，老师也及时前往工区，指导在工区进行大扫除的学生完成打扫。老师唯一的不足可能就是没有在教室等待学校政教处老师的检查，或者说是在离开教室之前没有及时向政教处老师反馈。而政教处的老师面对着全校所有的班级，需要用较短的时间完成检查，其在时间上和精力上难以周全。因此，老师被批评似乎不可以避免了。

与学生的反应相反，老师并没有埋怨政教处检查的老师，而是履行了向其反馈当天的具体情况的责任和义务，这也避免了学生因为班级荣誉受损、老师受委屈而把责任归咎到学校。老师将具体情况反馈给政教处的老师，得到了政教处老师的认可；同时，政教处老师通过检查一事也对自己的工作进行了深刻反思，完善工作做法。教师这一简单的举措，充分化解了大扫除发生的"恩怨"，值得高度肯定。

在各领域各行业，每个人都扮演着一定的角色，承担着一定的责任。学生要好好学习、爱护卫生，教师要教书育人，政教处老师要管理育人。其实，批评不可怕，可怕的是害怕批评。一次批评、一个电话、一句话语、一份责任，一举多得。

老师作为思政课教师兼班主任，承担着教育教学的责任。思政课教师可结合《道德与法治》（八年级上册）第三单元"勇担社会责任"第六课"责任与角色同在"开展有关"责任"话题的讨论。教师可以综合该课内容，打破常规一课时一内容的节奏，将素材与教材内容进行有效整合。

在"我对谁负责 谁对我负责"中，思政课教师可以列举教师学习、生活、工作等场景，引导学生分析教师的角色有哪些，比如"是家庭的儿女，是孩子的父亲/母亲，是学生的老师，是社会的公民"等。同时分析老师在这些角色中承担着哪些责任，并探究责任的来源，即"职业要求""法规规定""道德规范"等。还可以对七年级上册有关教师的话题进行拓展，帮助学生继续认识到教师职业的特殊性，教师需要更多的爱心、耐心和责任感，也需要让学生明白每个人角色多样、责任多样，要在不同的场合下调节角色行为。

在"做负责任的人"中，很多素材是关于教师责任相关话题的。如地震中老师为救学生临危不惧，乃至付出生命的事例；教师超出正常工作时间批改作业、备课、与家长学生沟通的事例；教师的工资待遇有待提升，即使在工资待遇较低的情况下，教师仍一如既往辛勤工作、关爱学生的事例。这些话题都可以与学生进行相应讨论。讨论的话题可以是："教师如果承担某种责任，可能付出什么？""教师如果承担某种责任，可能有什么收获？"等。讨论承担责任的代价与回报时，在引导中要注意正确、全面地理解回报。回报不仅仅表现在物质方面，更多的应该是精神方面的。不管我们每个人做出何种选择，都要承担做出这样选择的责任。思政课教师在活动的最后可以号召学生做新时代有责任感的青少年，为他人、为学校、为家庭、为社会、为国家、为世界做贡献。

了解比责备更重要

【写在前面的话】

帮助学生快速成长，是每位老师的想法，而老师是否关注到学生在成长过程中的"烦恼"？小郭因为自身懒惰，上课不认真听讲，导致学习知识断裂，问题不断累积。老师在自习课或者其他时间集中找小郭，帮其复习、过关。但小郭压力很大，做出了"出格"的事情。面对小郭的"出格"，是责骂还是倾听？作为老师，我们是否了解学生？我们是否应更多地倾听孩子的声音？

【教育事例呈现】

期末临近，同学们基本上都在晚自习前提前到教室进行复习，准备期末考试。今日，我像往常一样去教室。

"小郭还没回来吗？"我问其同桌小李。

"还没呢。"

1. "失踪"的小郭

小郭爱好打篮球，我心想，他可能去打篮球了吧，毕竟快到期末考试了，放松一下也是正常的，况且现在也还没上课，也没有要求学生必须回教室进行复习。

这个时候，小郭妈妈给我发微信，说今晚放学后接孩子回家住一晚，并和孩子沟通一下。

此时，我顺便提到这个时候小郭还没回来，可能在操场上打篮球，但应尊重孩子的兴趣爱好。

就这样，我来回办公室与教室之间几次，依然没看到小郭的身影。还有 10 分钟就要上晚自习了，可人依然不在。

有同学说，会不会去语文老师那里第二次过关去了。我马上让班级两个同学去语文老师办公室看看，很快两位同学回来告知并没有。顿时，我心里很紧张，人去哪儿了呢？与此同时，我继续和小郭妈妈保持联系，并且让班级部分同学帮忙在校园寻找。

第一节晚自习正式铃声已经打响，但小郭仍未出现。

我马上到教室问同学们下午放学后有没有看到过小郭。有三位同学举手说看到过，为更好地了解情况，我请三位同学到我办公室交流。

"下午吃饭时，我们在食堂一楼看到过他，他去了食堂，后来就不知道了。"

"我吃完饭走回教室时，看到他在操场那边坐着的。"

就在这时，小郭妈妈也到了办公室，非常着急，想了解情况。

我们把所了解的情况和所做的事情一一给郭妈妈讲述，一方面让家长了解事情进展，一方面让家长了解老师所做之事。

我们很疑惑，这个孩子去哪儿了呢？我校是一所寄宿制学校，如果班主任没有在网上设置的话，孩子是无法刷卡离校的。

这时，我和郭妈妈商量分别去学校前后门调取晚饭后那段时间的视频，查看孩子是否离开学校。我们看了那段时间的出校视频，没有看到小郭在前后门驻留以及离开学校的身影。小郭去哪里了？

2. 小郭有"烦恼"

我俩认为，孩子应该还在学校，可能是躲起来了。于是，我再次请班级同学分别在学校不同场地、不同楼层（包括男生厕所）等一一寻找，并且给帮忙的同学嘱咐说："看到小郭后，告诉他老师和家长很着急，有什么事情和袁老师聊聊……"

我和郭妈妈也分头找，一有消息就联系。大概 10 分钟后，郭妈妈给我打电话，说有同学找到了小郭。听到这个消息，我马上向办公室奔去，心里总算有些放心了。到了办公室，小郭看到我后低下了头。我发现小郭妈妈看到小郭后放下心了但又很生气，我用眼神示意小郭妈妈平静下来，由我来与他沟通。

"下午饭吃了吗？"我问道。

小郭抬起头，说道："袁老师，我吃了。"

"今天遇到什么事情了吗？我有什么可以帮助你的？"当我说完时，我发现小郭头又低下了。

"袁老师，为什么您不批评我呢？"小郭小声地说道。

"我想了解原因，这样才能帮到你。"我对小郭说道。

小郭一听，"哇"的一声哭了出来。我第一次看到这个大男孩哭，心想或许小郭心里真的有事，哭出来是好事。

等小郭发泄了一会内心情绪后，我递给他纸巾，他擦了擦眼泪后，我说道："现在好点了吗？有什么我可以帮你的？给袁老师说说吧。"

"袁老师，我学习成绩不好，学习总上不去。老师为了帮助我，基本上主科老师每到自习课都会找我辅导，晚饭后也会找我，自习课常听到几个老师同时念我名字，我越来越烦躁。"小郭真诚地向我诉说着。

我一听，回想自习课的情况，确实如此。"这样的现象背后是什么呢？那你觉得老师是否可以不这样呢？"我把这两个问题抛给他，引导着他理解老师们这样的行为。

"是因为……我……自己懒惰，上课也没认真，导致学习的知识就断链了，又不及时复习、过关，问题就多了……我知道老师们是为了我好，但这样让我压力很大，也让我有些喘不过气……"

一听小郭的回答，我边分析边说道："小郭，其一，老师要表扬你，你不回避自己的学习问题，能如实陈述自己的问题。其二，你能从内心感受到老师们对你的爱，感受到老师们都没放弃你，这也让老师很欣慰。其三，当你觉得老师这样关心你你有压力时，你一方面可以与老师或者父母沟通，另一方面也应该自我改变学习态度，这样老师才能了解情况，要不是你把事情说出来，老师也不知道你的想法。所以有什么心里事儿完全可以找老师说，老师才能更有针对性、更有效地帮助你，你说呢？"我话一说完，小郭便平静多了，也在不断点头。

"老师们真得太为我的孩子操心了，从未放弃小郭，我真得很感谢、感恩……小郭给老师们带来很多麻烦，作为家长真得很抱歉……"小郭妈妈非常不好意思地说道。

"小郭是你的孩子，是我们的学生，我们都有责任帮助他。这孩子，有时是有点小调皮，但他情商高，班级大大小小需要帮忙的事儿，他总是积极主动帮忙，非常乐意为他人、为班级服务。"我边说边轻轻拍了拍他的肩膀，对他表示肯定。

"袁老师，我没您说得那么好……我学习上不太认真，也不勤奋。今晚还因为自己的情绪而故意藏起来让你们都担心，我……"小郭特别愧疚地对我说。

我望着他说道："看到你平安，听到你的这番话，袁老师和你妈妈就很放心和欣慰。学习的事儿，可以慢慢来，但态度一定要改变，态度一变，一切都将跟着变。我相信，你改变了态度，认真、尽力，老师们是可以看到和感受到的，每个老师都找你的现象也会逐步改变。你觉得呢？"

"就是就是，儿子，袁老师说的话也是妈妈想说的。"小郭妈妈紧接着说道。

3."常态"的小郭

"袁老师，我有个请求，可以说吗？"小郭突然对我说。

"你说，有什么事儿我可以帮到你的？"我回答道。

"能不能请袁老师帮我给科任老师说说，我现在确实基础比较弱，有很多比较难的题做不了，我可否从基础开始？自习课或者饭后时间，每科老师可否不要太集中地都找我，我确实喘不过气。给我点自主消化时间，可以吗？"小郭再次提到这个问题。

从小郭两次话语中，我能感受到他这次藏起来的原因，也能感受到目前小郭的"烦恼"。

"那这样，你看如何？我愿成为你和科任老师的'沟通桥'，与老师们交流你的想法。那我如何说服他（她）们呢？"我故意这样问道，也想让小郭拿出实际行动让老师们放心。

"这样吧，袁老师，我主动找各科老师沟通，也请老师们给我些方法，这样让老师们看到我的态度。"

"那行，这就算我们彼此的约定，相信你可以慢慢改变，袁老师也会继续关注你和帮助你。以后遇到什么问题或者有什么心事儿，主动沟通。"我和小郭愉快地交流着。

"郭妈妈，让我们一起帮助小郭，也相信小郭能做好。"我对小郭妈妈说道。

"好的，袁老师，感谢您对我孩子的付出，感谢老师们包容、宽容我的孩子。感谢感谢……"小郭妈妈激动地说道。

后来，我也第一时间与各科老师交流了今天发生的事情，也与科任老师分析了事件的背后原因。老师们都表示将根据小郭的实际情况进行相应调整，除了严格对待外，更要分层辅导，走近学生心灵。

一段时间后，小郭也开朗许多，学习主动性也提高了，也能尽最大努力完成老师布置的学习任务。老师们也反馈，与小郭的关系舒缓了许多，从紧张变得融洽了。

【教育事例分享】

亲爱的读者，你是否也有类似的经历？请结合你的教育教学经历或者经验分享您的教育事例。

第三篇　迈向新征程
——彰显思政之力

当我们背起行囊，一步一步地迈向新征程，是要把你寻找；当我们收拾行装，准备再出发，是诗和远方的呼唤。前进号角已经吹响，新时代已经来临，美好蓝图已经描绘。对于思政课教师而言，要做到"好雨知时节，当春乃发生。随风潜入夜，润物细无声"。这是我们的诗和远方，是我们的追求，是我们彰显思政力量的表现。

思政课教师要用热情给生活披上绚丽的彩霞，"晓看红湿处，花重锦官城"；要用双手为学生开创美好的未来，"俏也不争春，只把春来报"。

学生对老师的爱很简单

【写在前面的话】

在对学生的教育管理中,教师要努力实现学生的自主管理。学生自主管理,一方面需要教师的正确引导和合理规范,另一方面也需在无他人监督的情况下检验。2016年,我因特殊原因向学校请假,暂时离开学生三天,这恰好也让我"放手",让这三天成了检验学生自我管理的时刻。然而,返校后,我听到班长小王与他人发生了争执,我没有管理好情绪,对小王进行了批评。随后,我十分敏锐地发现了问题所在,一方面了解缘由,另一方面及时给学生道歉,取得学生的原谅。教师放下权威的架子,做错事情及时表达歉意,不会降低教师身份,反而会赢得学生的尊重和喜爱。学生的自主管理在这样的引导下,变得越来越令人满意。

【教育事例呈现】

这几天,家里有特殊的事情,我向学校请了三天假,暂时与学生分别了。我离开学生这三天,也成为检验同学们自我管理能力的最佳时机。

1. 我们班被扣分了

三天时间过去后,当我回到学校办公室时,值周班长小文同学急急忙忙跑到我办公室,向我汇报这三天的班级动向。她说道:"老师,你不在的这三天,班级总体正常,但班长小王与楼层检查的同学发生了争执,吵得特别厉害。当时我还去阻止他,让他不要争吵,但他还对我大吼。我们班被扣分了。"

听到这个消息,我非常生气。因为,同学们都知道我是在特殊情况下才请假，大家更应该体谅我才对，我一离开学校，就出事情，关键是还发生在班长小王身上，这个孩子怎么那么不让人省心啊。

2. 班长带头出岔子

于是，我让小文把小王叫到我办公室。小王进来后，看到我很开心，笑嘻嘻地想对我说些什么，但看到我严肃的表情立即收回了笑容。还没等他开口，我就带着批评的语气说道："你担任的职务是什么？"

"班长。"他从容地回答道。

我继续带着"审问"的语气说道："那你给我说说这三天班级有无重大事情发生。"

"班级一切正常，同学们在学习和生活中，都比较自觉，各项工作井然有序。只是我们班由于一次地面有垃圾，被扣分了。"说到这，他语气有些低沉。

这时，我却没有给他继续"陈述"的机会，而是气愤地说道："扣分肯定是我们没有做好，你作为班长，怎么能与检查的同学争吵呢？他们作为检查干部是在履行职责，是正当合理的啊。本来就是我们做得不好，难道你认为他们不该指出问题吗？而且值周班长温馨提醒你，你还火冒三丈，完全没有听取劝告的意思。这是班长该做的表率吗？这是班级成员应该有的风范吗？"小王表现出一副可怜的表情，眼泪在眼睛里打转，没有反驳之意。

此时，我心想，肯定是他自己认为做得不对，才低下头，才不解释。"你是班长，面对扣分的事情，应该以平和心对待，配合检查同学的工作，不应该争吵甚至出言不逊，你说呢？"我再次按着自己的教育经验苦口婆心地耐心教育。

3. 我只想让您放心

小王还是低着头，一句话不说，但眼泪迅速流了下来。此时我非常纳闷，我还从未看到他这样难过，难道事实不是这样的？突然，我意识到，或许这件事情有其他"隐情"？这个孩子有心事？

"对于这件事情，老师刚才的说法不符合事情本身吗？老师想听听你的解释。"

"老师，您说得对，我确实不应该那样。作为班长，我应该在出现问题后总结问题和解决问题，不该闹情绪。"

"那你为什么哭呢？"我有些疑惑地看着他。

"老师，本周您家里有特殊事情，作为班长的我，是您的助手，应该承担起管理班级的重任，不应该让您在家里有事的情况下还担心班级和同学们。这次我和检查的同学争吵，是因为班级被扣分了。我心里清楚，确实是因为有垃圾，检查的同学没有错。但我……我不希望您回来的时候，看到这样的情况。因为，我只是想让您在外出的时候对我们放心，让您看到您不在的时候大家的优异表现……"说着说着，这个大男孩又哭了起来。

小王一番心里话刺痛了我的心，我的内心充满了内疚，眼泪在眼睛里打转。原来孩子的内心是那么简单，那么纯洁，那么细腻，他只是为了让我不要再为他们担心，让我看到他们的成长。然而我却没有读懂他的心，反而还批评他、指责他。

我急忙上前抱了抱小王，说道："孩子，谢谢你，老师只是看到了事件表面，才说出了刚才的话，对不起，请原谅老师。"

小王擦干眼泪，说道："老师，我也不对，以后我会坦然面对问题，用心管理班级，把班级管理得越来越好。您放心吧。"

"老师相信你完全可以的，我们一起努力。"说完，他回到了教室。

4. 你们明天会更好

当天下午，我首先在全班同学前给小王道歉，并给全班说明了小王那天与他人争吵的真正原因，既表扬了他，又从他"美丽的错误"引导全班应该怎样维护集体荣誉，全班响起了热烈的掌声。借此机会，我顺势开展了微班会"让我们共同创建干净和谐的班级"，我给同学们播放了之前我拍摄的干净整洁的教室照片，让同学们结合此次扣分一事进行反思，并且师生共同写出"我能为创建干净卫生的教室做些什么"。在整堂课中，同学们积极主动发言，献言献策，班会在一片和谐温暖的氛围中结束。

课后，小王给我写了张纸条："袁老师，您还是我尊敬、爱戴的好老师，我会继续协助您管理班级，但我会更理性地管理。谢谢您。"

这件事情，给了我深刻的启示。看待一个孩子的表现，不仅要看到事件的表面，更要读懂孩子的心灵。就这件看似孩子犯错的事件而言：原来，他只是为了让我放心。

【教育事例剖析】

一个班级的发展，不仅需要班主任、科任老师的直接管理，还需要在教师的引导、帮助下，学生开展自主管理，班级在师生共同努力下才会更美好。从文中可以看出，该班长及其他学生是很有班级荣誉感的学生，也非常理解老师，而且老师离开学校又未将班级管理托付给其他老师，学生们在此过程中必定展现出了良好风貌，这方面我们要肯定这位同学、肯定这个班级。但是，该班长为维护集体"荣誉"，在面对楼层检查的同学扣班级分数时，在知道班级地面确实有垃圾的情况下，仍与检查同学发生争执，要求不能扣分，这并不是真正维护集体的做法。维护集体需要尊重事实，发现和承认问题，并与班级同学们共同商讨解决问题的办法，这才能从根本上让全班同学意识到扣分的原因，才能增强班级凝聚力。

诚然，老师家中有特殊事情，心情很难受。在处理完家中事务后，老师及时回到工作岗位，却听到班长与楼层检查的同学发生争执且班长面对他人劝阻还不听，老师情绪不免会更加失落和失望。而还在悲伤之中的老师，遇到班长与他人发生争执，没有给班长解释的机会，还对班长进行了严肃批评教育。每个孩子的内心都有善良的一面，班长深知老师的难过，并没有反驳。老师发现班长表情变化后，怀疑其中或许另有隐情，与班长进行了心与心的交流，了解了"争执"的背后是为了让老师放心。

我们老师很多时候，是否只是看事情表面，而忽视了表面背后的实情呢？我们是否真正读懂了每个孩子行为背后的善意？我们是否真正读懂了每个孩子的心灵？后来，老师在多种场合与参与培训的其他老师们分享这个案例，一方面是希望老师们不因自己的情绪而影响遇到突发事情的态度和行为判断，另一方面是在深深表达对这位班长的愧疚与歉意。你是否也在教师生涯中有过类似的事例呢？其实，多一些情绪平静、多一些沟通聆听、多一些时间了解，或许可以更好地处理类似的事情。因为，学生也懂得爱老师！

此案例中，结合初中道德与法治课教材，我们会发现"师生交往""管理情绪""承担集体责任""关爱他人"等教学内容。即在《道德与法治》七年级上册第三单元"师长情谊"第六课"师生之间"、七年级下册第二单元"做情绪情感的主人"第四课"揭开情绪的面纱"、七年级下册第三单元"在集体中成长"、八年级上册第三单元"勇担社会责任"第七课第一课时"关爱他人"等学习内容之中，思政课教师可以根据教学内容所需，选取切入点进行分析。其实，针对班长这样维护班集体荣誉的做法，思政课教师可以进行课堂讨论，设置问题："班长要求检查同学不扣分是否'维护'了班集体的荣誉？为什么？"由此开展班级大讨论，在学生互动分享观点时教师适当点评和引领，让学生在论中悟、在悟中行。这样，班级学生不仅在情感态度价值观方面有了提升，还能在往后的生活中学会践行。

每个孩子都是"头条"

【写在前面的话】

每个学生都是不同的生命个体,都有属于自己的生命价值。随着微信公众号的盛行,我从教育博客转向微信公众号,建立了名为"与品格同行"的微信公众号。公众号开设了几个主要栏目,其中"学生风采"和"学生成长"是关于学生的专属栏目。我善于发现班级学生闪光点,在我眼里,无论成绩好坏,无论平时表现如何,无论才华是否出众,只要在某一个方面或某一次有进步、有优异表现,都应抓住教育契机,记录学生成长并展示出来,表扬学生,让学生找到自我认同感。

【教育事例呈现】

随着互联网的不断普及,各行各业已开始注重网站、微信群等多媒体的建设。学校为了能更好展示、宣传教育理念和师生成长故事,也陆续开通富有特色的微信公众号,短时间内学校微信公众号成为家长和师生交流的平台,成为校外了解学校教育活动的一扇窗口。

为完善微信公众号设置,学校经过调研,认为过往平台更多展示的是学校宣传和教师获奖等方面信息,在展示学生个性特色方面比较缺乏。为此,学校决定全方位多角度展示我校学生:推荐和搜集每班学生材料,班主任审核后发给学校,学校经过审核后再推出。但由于我校学生达几千人,也不可能一一展示每一个学生。

于是,我从2016年开始建立了教师个人微信公众号,其中有两个栏目都是专门为学生设置的，即"学生风采"和"学生成长"。

在"学生风采"栏目中展示学生时，我不以成绩优劣作为是否宣传的唯一标准，而是凸显所有学生在其自身能力范围内的优点，集中展示学生的综合素质。

起初，我起草了一个初始"内容模板"，包括姓名、担当（班级职务）、兴趣爱好、人生座右铭、成绩与荣誉、师生情（我与老师之间的故事）、同学情（我与同学的友谊）、亲子情（我爱我的家人）等，另外配上学生个性生活照片及与同学、老师和家长的合影，其内容学生可以根据自身特点增减。

后来经过不断完善，学生还自主设计出富有特色的个人展示内容，除了基本信息外，还展示自己的厨艺、手工、摄影、国外文化交流活动、志愿者活动及英语自我介绍等方面。同时，配上自制图片和剪辑的音乐或视频，内容更加个性化且丰富多彩，形式多样，挖掘了学生的各种才华。

在"学生成长"栏目中，我主要是呈现学校或班级开展的各种活动的成果、学生的优秀作文及学生的点滴成长瞬间记录等。

比如在我校举办的春季运动会开场舞前期，我班师生全体协作，有同学帮忙选衣服，有同学帮忙租借，有同学帮忙剪辑音乐和设计表演舞蹈，有同学帮忙化妆，有同学帮忙摄影和录影，有同学帮忙排练等，我还"偷拍"了他们准备时和表演时的照片，当天我班的表演赢得所有师生的欢呼和赞叹。

表演完毕后，我和擅长摄影的同学还帮其他同学拍了很多个性照片，有单独照、生生合照、师生合照等，为他们留下了最宝贵的成长瞬间。后来，我分批次地上传了班级学生个人和集体的照片，同学们、家长们和老师们反响热烈，那几期的微信推送点击量和转发量特别高，学生也更加自信和快乐，班级凝聚力也更强了。

同时，我还上传了学生的优秀习作、寒暑假社会实践活动内容、安全教育手抄报、个人或集体获奖证书、拾金不昧的榜样人物等。在此过程中，及时地捕捉有利时机，多对学生进行激励性表彰和展示，记录学生的成长点滴，使其成为学生一辈子的美好回忆。

这样一来，班级的每一个学生都是微信公众号的主人，人人都能获得展示的机会。给每一个学生自我展示的机会是以生为本教育理念的重要体现，也是让每个学生获得公平教育的重要体现。学生在成长记录中不断发现自己的长处和肯定自己的价值，进而不断地认识自己和完善自己。同时，也增加了家长与孩子、学生与老师之间的互动，提高了班级管理信息化的水平。

其实，每一个学生都有自己的特点、风格和长处，老师应突出学生某方面的独特气质与非凡风貌，也应有敏锐的观察力，及时抓住学生的闪光点进行正面强化，同时发挥榜样人物的教育效应，让班级充满各种正能量，让每一个学生都能找到价值感和归属感。

【教育事例剖析】

德国哲学家莱布尼茨说过："世上没有两片完全相同的树叶。"自然，也没有完全相同的人。每个学生在先天条件或后天环境影响下，都会存在不同的差异。作为新时代教师，我们应该更新教育观念，打破唯成绩论、唯分数论，以发展的眼光看待每个学生。

俗话说，教师要多用"放大镜看学生的优点，用缩小镜看学生的缺点"，多给予学生肯定和欣赏，为学生记录成长点滴，帮助学生找到自我的价值所在，真正关注每个学生的成长与进步。这需要教师在繁重的教学工作之余，多花时间与精力去观察，去记录，去展示。这看似小事，但却又不是小事。老师真正关注的是"人"，是班级的每个学生，让不同的学生都能公平地被关注，也都能获得老师的关爱，这是过程公平的体现，也是教师用多把尺子评价学生成长的体现。

结合案例中老师的教育探索，思政课教师可以有所思考。《道德与法治》（七年级上册）第一单元"成长的节拍"第三课"发现自己"，一方面让学生了解认识自己的方法和重要性，另一方面引导学生做更好的自己。人最容易迷失自我，特别是学生在校期间，学习成绩不佳容易导致他们失去自信，进而看不到自己其他方面的优点，不利于自我发展。思政课教师可以在课堂中开展"你说我说大家说"活动，通过自我查找优缺点和他人的评价，比较全面地认识自己，坚持优点，改正不足，激发潜力，这样才能成为更好的自己。作为思政课教师，更要学会多角度、多尺度地认识每个学生，给予学生积极的评价，帮助学生扣上人生第一粒扣子，真正以生为本。

手机带来的诚信合约

【写在前面的话】

学生使用电子产品的现象越来越普遍，手机便是其中之一。手机轻便、易携带、功能强，基本上也成了学生的"标配"。楼长小张将生活老师没收的小林的手机给我，生活老师从小林那里没收的手机是黑色的、比较新，而小张交到我手上的手机是白色的并且很破旧。小张为什么要交另外一个手机给我，是想包庇小林，还是想帮助小林？由小林、小魏、小张"导演"的这一幕"手机"，你怎么看？

【教育事例呈现】

深夜11点左右，我的手机响了。打开一看，是男生寝室生活老师王老师发来的。"袁老师，不好意思，这个时候打扰你。刚才我查寝，发现8507寝室有手机在充电。按照宿舍规定非特殊情况下是不允许携带和使用手机的，我把手机没收了，明天早上让男生楼长小张给你带过来。另外，据了解，这手机是该寝室小林的。麻烦袁老师了。"

1. 不是我的手机

当晚我查寝查，一直到10点才离开，并未在该寝室发现手机。应该是小林未经允许私自带了手机，并且趁我和生活老师查寝结束后偷偷充电，但没想到王老师深夜继续查寝。

"好的，我明天上午要出去开会，需要走得很早，明天下午我问问怎么回事。谢谢王老师。"我及时给生活老师王老师回复了信息。

下午第一节课上课前，男生寝室楼长小张把手机给我了，说这是王老师让他转给我的。我一看，是一个比较破旧的手机。我让小张把小林叫到我办公室来，我需要了解下情况。一会儿，小林来到我办公桌前。

"说说昨晚的事儿吧。我想先听听你的解释。"我问道。

"什么事儿？"他诧异地回答。

我拿出手机，放在桌上，示意我想了解昨天晚上他在寝室给手机充电的事情。

"这不是我的，我没有这个手机。"他很肯定地回答。

为不冤枉他，我再次问："这是你的手机吗？"

"不是！你可以随意处置这个手机。"小林继续坚定地回答。

我以为小林会坦率承认自己的错误，但没想到他为了不要这个手机而做出如此回答。

为更好地了解情况，加上对他平日性格的了解，我打算暂时缓一缓，了解清楚后再说。"我相信你给我说的是实话，那你先回去上课吧。"我抱着信任他的态度说道。

小林自初一以来，一直是一个听话、不善言辞的男孩，也是遵守规则、与人相处友好的同学，但性格和行为有些偏执，不太容易承认错误。进入初二上学期以来，成绩波动很大，下滑很厉害，半期考试成绩也不太理想。我与家长、科任教师有过几次沟通，都在反馈小林近期状态不佳，我们也在寻找原因。结合这些情况以及手机一事，我告诉自己需要慎重处理，以防过激。

事后，我单独找了男生楼长小张和8507寝室的其他四位成员了解情况。小张低着头说："手机确实是小林的，我都看到过他用了好多次了，但我一直没有说。"8507寝室四位成员相互看了看彼此，都说不是自己的，但没有说是小林的，表示默认。

对此，我从小张和8507寝室四位成员的眼神和语言中感受到了他们的"为难之处"，这可能与小林平日的性格及做法有关。一旦他人"举报"小林用手机，小林可能会使用蛮横无理的态度要求他人"赔偿"被没收手机。我内心明白了几位同学的想法，同时也知道在解决此事的过程中不能使他们处于被动的为难境地。

2. 不是小林的手机

我现将此事"放下"，并不急于马上"水落石出"。我主动给小林妈妈发信息，简单交流了此事，请她有时间来学校一趟，但来学校时最好是上课时间，并且不让小林知道和看到自己妈妈来到学校。

小林妈妈深知小林这个孩子对一些事情很敏感，也非常赞同以这样方式与我进行沟通，共同解决好这个事情。

小林妈妈如约来到我办公室，我把手机给小林妈妈看了。"这不是孩子的手机，他没有这个手机。"她很肯定地说道。

"哦？你再仔细看看呢？"我疑惑地说道。

"真不是他的手机。我确定，他的手机不是这款。"小林妈妈确定地回答道。

这就让我非常疑惑了，难道错怪小林了？但知情的同学说看到小林玩手机了，而且就是这个手机啊！

我把这些情况与小林妈妈进行了详细沟通，她也觉得这个孩子最近不对劲。聊着聊着，结合我对小林家庭情况的了解以及发现周末孩子经常在线，晚上很晚都未休息，真诚地给予了她建议。谈到了父母之间要尽量要求一致，父母要共同教育和关爱孩子（父母管理方式不同，父亲不管乃至溺爱，母亲要管但方法不对），并且要引导孩子调整好作息时间，重视孩子使用网络的时间。对于这方面，小林妈妈也坦诚做得不好，没有坚持原则，但也表达了与孩子爸爸教育理念不同导致孩子找到了"空子"，现在不好管理。只要一管，孩子动不动就生气、发火。

看来，要处理孩子的问题，还得先做好父母双方的工作。于是，我把我想请小林爸爸来校进行沟通这一事与小林妈妈进行商量，并希望小林妈妈在沟通时不要过多去指责小林爸爸，以防与小林爸爸发生矛盾造成小林爸爸不配合教育工作。

通过沟通，小林妈妈也很接受我的建议，并表示会积极配合我。同时我建议，父母两人来学校时，也最好在上课期间，不让小林多疑。另外，小林妈妈回去找找那个手机在不在家。

晚上，小林妈妈发来信息，"袁老师，小林手机不在家里，我也怀疑他带走了。但和交给你的手机不一样，到底怎么回事呢？"

看到这条信息，我回复道："收到信息，你先不着急打电话问他，我再了解下情况，等这两天你和小林爸爸来学校沟通时我们再商讨如何解决。"

3."消失"的手机

隔了两天，小林父母一起过来了。我很真诚地把小林同学在校的优秀表现与小林父母进行了交流，也谈了这个孩子的性格，我谈到了对他的期望，并希望父母共同配合培养孩子开朗的性格、乐于接受意见的态度等。

由于交流气氛融洽，小林爸妈都从我谈到的很多关于孩子的细节之处感受到了老师对孩子的关注和关爱，小林爸爸也打开了"话匣子"。小林爸爸也非常认同我的看法，也发现了孩子近期在家做作业不认真、使用网络、脾气暴躁等情况。小林妈妈此时首先反省了自己做得不好的地方，比如有时面对孩子过度使用手机没及时制止等等，造成现在孩子不听和控制不住的情况。见此情况，小林爸爸也做了自我反思，认为自己也在很多方面没做好，乃至不愿承认孩子的不好，也没有用更多时间去关注和管理孩子。大家非常真诚地反思了自己，也谈到了手机一事。

关于该手机一事，我建议家长再多找找。如果确实找不到，家长就改日中午放学或者晚上放学后打电话，以要使用那个手机但在家找不到为由问他放在哪儿了，看看小林会怎么说。

第二天上午，小林爸爸给我发信息，说从昨天回去到现在找了几次都没有，他和小林妈妈推断小林应该带走了。于是，我们商讨：一方面小林妈妈按昨天我的建议问小林手机在哪儿；另一方面，我再次仔细看了看手机，手机比较破旧，没有电话卡，我觉得其中"有故事"。我再次问了生活老师王老师手机特征，王老师回复是个黑色的，比较新，这与小张给我的手机不吻合。因此，我打算再次找到男生楼长小张谈谈，到底其中发生了什么事情。

中午时分，我收到了小林妈妈发来的信息，说小林吞吞吐吐，以不清楚为由，回答不出手机去向。

下午放学后，我找到小张来办公室继续谈手机的事情。在小张来之前，我故意把那个破旧手机放在我办公桌上。小张一来，便看到了那个手机，看了我一眼，头便低下了。

4. 被调换的手机

我把我所了解到的情况先谈了谈，并且给他"减压"，但表达了我想知道实情的愿望：生活老师王老师从小林那里没收的手机是黑色的，并把手机给了楼长小张，而小张交给到我手上的手机是白色并且破旧的，并不是小林的。

小张红着脸，不好意思地说："袁老师，对不起，我欺骗了你。这个手机确实不是小林的，而是班级小魏同学的，这是小魏家里不用的坏手机，是小魏带到学校来玩的。那天晚上，王老师把黑色手机给我，让我转给你。第二天上午你不在，好像你去开会了。中午吃饭时，小林找到我，让我帮他一个忙，把手机换了。他说他怕你不把手机还给他，而且他担心家长也不再给他手机玩了，让我帮帮他。我当时很纠结，但他说他以后不会在学校使用了，求我帮帮他，所以我答应了他而欺骗了你。但自从那天后，他真的没在学校用过。袁老师，请相信，我说的这些都是真的。我欺骗你是我的不对，但我并不是故意欺骗你，小林也应该不是故意的吧。"

我一听，确实还是能感受到小张的真诚，并能感受到小张是善意谎言，是希望小林能改正不足，两人似乎有君子约定。

根据小张所说，小林自从那晚过后没有再私自玩手机了。我心想，为何不"借助"小张的力量去说服小林呢？同时，还可以更好地引导小林在家合理使用手机。于是，我和小张继续聊了起来。我表达了我已经清楚这个事情，并从内心理解小张的做法以及难处，也提示他可以事后给我说说自己的初衷。另外，我给小张交流了小林目前的情况，也希望小张能够进一步协助做好小林工作，帮助小林改正与进步。

5. 合理使用手机

小张很乐意，并与我商讨怎么办。我谈了我的想法，希望小张找个合适时间与小林单独聊聊。首先，肯定他确实履行约定并未再使用手机，对他进行正面暗示；然后，把我已经知道这个手机并不是他的手机一事告诉他，就说袁老师一直在等他主动沟通；最后，让小张告诉他，小张会陪着他一起去找老师，共同面对不足。

小张也感受到我并不是要"处理"或者"处罚"小林，而是希望能帮他认识到问题和解决问题，小张非常乐意接受了我的建议。"袁老师，你放心吧。我等下去吃饭，吃完饭就找他聊聊。相信我可以帮你处理好这个事情。"小张很有自信地回答。

"好好好。以后，有什么事情，你得给我透透风哈。"我半严肃半幽默地对他说道。

当晚放学后，我去了男生寝室查寝。我像平时那样，到每个寝室后和同学们寒暄。特别是到了 8507 寝室，我更是像平常那样，和他们聊了起来，并且让他们早上一定要吃好早饭等。熄灯后，我正准备走，楼长小张让我去生活老师办公室等一等。我心想可能有事对我说吧。小林、小张、小魏一起进来了，我主动问道："有事吗？"

小林低着头把整个过程说了一遍，和小张说的几乎一致。小魏也不好意思地说不该把坏手机带到学校来玩，并且更不应该给小林拿来欺骗老师。小张也谈了自己的不足之处，但小林此时替小张、小魏说话："是因为我的原因，所以才牵连了小张和小魏，该批评和处罚的是我。"

此时，我给三人分析了这件事情，其实，如果自己有什么心事或者想法，应该主动与老师沟通。问题并不可怕，可怕的是逃避问题。我并没有用"欺骗"二字来给三位同学下结论，而是从他们可能不知道面对错误时怎么说、怎么做进行谈话。另外，我和三位同学共同结合当前时代发展谈了谈如何使用手机，彼此共同交流后，发现手机确实有利，但没有用好可能就是弊，会分散自己的注意力，打乱自己的生活和学习节奏，确实需要合理对待网络，正确使用手机等电子产品。

后来，我让小张和小魏先去睡觉，我和小林单独聊了聊。小林从手机一事谈到了家庭，爸爸经常出差，基本上从小到大没有怎么陪自己，自己无法感受到父爱。还谈到了妈妈非常重视成绩却不太关注他的心理和思想状态。小林说妈妈总拿成绩说事，并"威胁"他如果半期考试不理想，妈妈就不打算在成都上班了，要去国外上班，小林自己心里更加觉得母亲也不爱自己了，他感觉或许只能通过手机找到一些"安慰"，和手机成为朋友。

通过与小林的交流，我大概了解了小林父母和他自己本身的问题所在。

后来，小林主动把那个黑色手机给我了，他一直放在书包里，只是不敢给我，怕我批评他和没收后不归还。

我再次表达了我的态度，手机有利有弊，我并不反对使用手机和上网，关键是使用者需要在合适时间、合适场合使用，理性参与网络生活，让手机和网络成为自己生活与学习的媒介，而不是在不经意间做了手机的"俘虏"。他很认同，也主动提出制定使用手机协定，与父母共同商讨，有奖有惩，共同监督彼此。

6. 不做"低头族"

于是，当晚我和小林妈妈、爸爸在电话里沟通了许久，父母首先认识到问题所在，从自己先改变，真正关心孩子，走进孩子内心世界。另外，周末在家时，父母也不要做"低头族"，多与孩子沟通与交流，共同制定规则、彼此监督、共同成长。

当周周末返校后，小林妈妈给我发来短信："袁老师，孩子这周周末回来后，主动和我们沟通，大家谈得很愉快。我们也带他出去走了走，大家敞开心扉聊了很多。关于手机，我们商讨好了内容，彼此签字了，还贴在了客厅显眼位置。谢谢你，我觉得孩子一下子成长了许多似的。"

看到这条短信，我终于放心了。如果我采取其他强制方式处理这件事情，可能师生矛盾、亲子矛盾会加剧，事情也不会进展得这么顺利。教师针对不同孩子的性格、不同的事件多冷静一些，多等待一下，多思考一下，问题自然也就更清晰化了。

【教育事例剖析】

一个破手机背后，究竟是小张想帮小林改正错误而故意在老师面前撒谎？还是小张趁老师不在而采取了包庇小林的做法？或许不同的老师面对此类情况的时候，会有不同的看法。而一个破手机引出了小张善意的谎言，更重要的是小林也履行了与小张的君子约定，不再私自玩手机，父母也与小林达成了合约，不做"低头族"。

"诚者，天之道也；思诚者，人之道也"出自《孟子·离娄章句上》（第十二节），意思是"诚信是自然的规律，追求诚信是做人的规律"。思政课教师承担着铸魂育人的责任和使命，而初中阶段又恰是一个人世界观、人生观、价值观形成的关键时期。因此，在教育教学中，我们在面对学生不诚信言语和行为时，需要采取合适的方法。一方面可以在问题出现之前提前介入，另一方面可以在问题出现之后智慧引导。

关于"诚实守信"的话题，思政课教师可以在《道德与法治》（八年级上册）第二单元"遵守社会规则"第四课"社会生活讲道德"第三课时"诚实守信"中开展相关教学活动。

其一，教师可以站在中国传统文化中的角度，追根溯源，让学生从历史文化的角度明白这是自古以来的道德观念、行为准则和道德传统。比如：思政课教师可以展示《逸周书》中所记载的"父子之间观其孝慈，兄弟之间观其和友，君臣之间观其忠惠，乡党之间观其信诚"的话语，然后向学生解读这段话的含义，即从邻里交往的方面也需要真诚和讲诚信。还可以展示"尔无不信，朕不食言"（出自《尚书》）、"慎尔言也，谓尔不信。"（出自《诗经》）、"唯天下至诚，为能尽其性；能尽其性，则能尽人之性；能尽人之性，则能尽物之性；能尽物之性，则可以赞天地之化育；可以赞天地之化育，则可以与天地参矣"（出自《中庸》）等句子，从中华传统文化的角度引领学生要言而有信，真实取信。

其二，思政课教师可以结合社会主义核心价值观、法治教育进行分析，比如：以学生之间约周末打球或去敬老院当志愿者等情景为背景进行深入分析。学生提前都商讨好出发时间、各自准备的东西等，但某同学迟迟未到，也没有电话联系；在等候的同学打电话问询情况后，该同学才起床，还抱怨太早了，后来到达目的地时比预计的时间整整晚了一个多小时。思政课教师可以结合这个案例与学生进行探究，如"你如何看待该同学的行为""你身边有没类似的情况？如果发生在你身边，你会怎么引导他人"。这样，经过共同讨论，教师可以从价值准则、道德规范、个人品质角度等方面综合学生发言，引导学生明白诚信是社会主义核心价值观公民层面的一个价值准则，是一种道德规范和个人品质，也是中华民族的传统美德，是个人的"第二张身份证"，是一个人的安身立命之本；同时，思政课教师还可以展示相关的法律法规，提升学生法治素养，明白诚实信用对建设诚信社会、诚信国家以及规范市场秩序等方面的重要意义。

其三，思政课教师还可以从个人、企业、国家三个角度，选取适合的素材进行分析。如通过"！""？""……"三个符号与学生共同探究与生成：课堂分为"课题导入"——"Just do it！"——"Just do it？"——"Just do it……"——"教师寄语"。教学情境源于学生生活、贴近学生实际，教学过程吸引了全班同学的注意力，有效培养了学生重品质和重诚信的意识。学生进而树立法治意识，在生活中践行做诚实守信的人。

著名教育家陶行知先生曾说："千教万教，教人求真；千学万学，学做真人。"思政课教师责任重大，要上好每节思政课，发挥学生主体性作用，落实立德树人这一根本任务，真正发挥思政课主渠道主阵地作用，要给学生心灵埋下真善美的种子，引导学生扣好人生第一粒扣子。

老师对你是真的

【写在前面的话】

"任何人都可能犯错误,除蠢人外,谁也不想坚持错误。"一个人能够认识到自己的错误,改过自新,就是可贵的。面对学生的错误,我们教育者以不同的方式来引导、处理,其教育效果也就不同。小胡同学迟到、顶嘴,与魏老师抬杠,引发了师生的对立。我及时发现了问题所在,意识到如果师生继续这样下去,可能引发更大的矛盾。我一方面用眼神示意科任老师停止,以免激化矛盾;另一方面通过主动站起表达对学生的尊重,以一个舞者对姿势的要求作为教育契机引导学生与他人交流时应有尊重的姿态。同时,对小胡最近各种表现给予正面教育,帮助学生理清与科任老师产生矛盾的原因,了解学生迟到原因,以高度信任引导学生主动与科任老师交流沟通。最终,小胡同学认识到自己的错误,理解了老师的善意。

【教育事例呈现】

2015年12月29日,离元旦节还有2天。为了让每个同学更好地展望2016年,我专门用了一节课与同学们共同开展"回顾2015,憧憬2016"主题教育活动。我们全班每个同学都写下了新年心愿,我全部收齐后打算做成一个微视频珍藏。下课后,我回到办公室,用心地看每个同学的心愿。

今天晚上,后两节是自习课,是数学老师魏老师的课,魏老师第二节课进行数学测试,第三节课是学生自习写作业。晚上放学后,我准备收拾电脑后去查寝。

1. 上个厕所，我惹谁了

这时，办公室门"嘭"地一下打开了，学生小胡（女）哭着进来，魏老师气冲冲地进来，然后坐下。此时，我觉得应该有情况发生，于是我继续"假装"工作。

"你今晚太过分了。"魏老师气愤地说道。

"我哪里过分了？"小胡边哭边说道，站姿也东倒西歪。

这时，我有些疑惑，小胡怎么这样的态度？平日她还是有些惧怕魏老师的，而刚才却以那样的语气"回击"，似乎并没有被老师严肃的表情和语气震慑到。我继续侧听。

"今晚第二节课下课后，同学们都交了试卷，其间有十五分钟休息时间。第三节课已经上课了，我看到你不在，我问了同学，同学说你去上厕所了。但第三节课都上了近十五分钟，你才进来。当时，我并没有当众批评你，但你回来后没有任何解释，快要放学时，我让你留下，你居然起身就要走。"魏老师将当时发生的情况还原，我想主要是让她明白今晚这样的做法不对。

此时，我瞧了瞧小胡，她翻着白眼，抖着小腿，表情不屑一顾。顿时，我心里十分生气，怎么能这样对待老师呢？

"我上厕所怎么了？我又没打扰到谁。"小胡义正词严地说道。

"你还顶嘴？你现在的态度我很生气。"魏老师越来越生气地说道。

"我哪里顶嘴了？你问我话，我是在回你的话。"

"你看，你这不是顶嘴是什么？"

…………

两人就这样"对话式"沟通。在她们俩交流的过程中，我大脑里浮现的全是这个孩子一年半以来的各种优秀表现，但也有近期十分异常的行为——英语课上，也有迟到现象，理由也是上厕所；作为语文课代表，语文作业也出现未做的现象；当做错事情时，对待老师的批评教育，态度极不端正……但每次我找她谈话，哪怕是批评她，她也比较容易接受。

2. 你端正站姿，我表扬你

这时，我看二人越来越"激烈"，这样的师生对话不但没有效果，反而会使师生关系越加紧张和敌对。于是，我走到魏老师办公桌前，用眼神示意魏老师"停下来"。

魏老师也明白了我的意思，没有继续教育她。我走到小胡身旁，用手轻轻地拍了拍她的肩膀，小胡转过头来，看到是我，整个身体马上转了过来。

"小胡，袁老师想和你聊一下。"我以平和的语气说道。

我在和她交流前，我笔直地站着并说道："你站着，袁老师和你一样站着。"

她看到我的站姿以及听到我的话语，顿时收起双脚站好。我马上抓住这个教育契机，说道："小胡，袁老师首先要表扬你。"她用疑惑的表情望着我并说道："袁老师，我今天这样，哪里值得表扬呢？"

"你现在标准的站姿和温和的语言是一个舞者应具有的基本素养。你热爱舞蹈，平日舞蹈老师经常锻炼你的舞姿吧？你看，你与我谈话时，便展示出了舞者的风范。"我以积极、正面的话语给她正面暗示，没有严肃地直接批评教育。她听到我这番话后，一下子低下了头，其情绪从"激动"到"缓缓平和"，没有像之前与魏老师那样"正面交锋"。

3. 你很优秀，我举荐你

这个时候，我大脑里浮现出这个孩子在近期校内外社会实践活动中的优异表现和今晚写的新年心愿。加之，刚才通过我的站立及平和语气，她感受到我对她的尊重和认可，我也有了与她继续交流的基础，我想借助今天这件事情好好与她谈一谈。

"小胡，还记得初一下学期班级推荐新团员的事情吗？"我问道。

"我知道。"此时她非常不好意思地答道。

"我想你还记得你在那周的心灵本中给我说，你很明白被推荐为新团员是老师对你的鼓励和期待。因为一般情况下，都是按照成绩进行选择，但老师没有以成绩高低作为唯一评价学生是否优秀的标准。"

"是的。袁老师一直都强调，一个优秀的学生不仅要学习成绩优异，还要习惯优秀、能力强、素质好和情商优良。"

"是的。我还清晰记得，初一时，学校每学期都有两次班级文化评比，你作为负责人，带领几个同学共同参与设计，与全班同学一起布置，我们获得了特等奖；在校外社会实践活动中，你担任组长，及时清点该组人数，带领该组同学有秩序参观农场，和该组同学一起做饭，饭后还主动收拾、清洗碗筷，因为你的带领，其他小组也学习你们这种好习惯；在校内社会实践活动中，你继续担任组长，负责小组筹备和安排，工作极其负责、创新，深受政教处老师的认可，特别是你创造性的汇报会，赢得了全班的一致认可。这些都是我列举的个别例子，袁老师对你非常欣赏和认可，大力推荐你入团，你也顺利入团。我对你的印象非常好。"

"袁老师，对不起，我辜负了您的期望，我没做好。"小胡边说边哽咽，眼泪不停流下来，而此时我心里明白她已经开始反思自己的行为。这时，我用眼神给魏老师示意让我和小胡单独谈谈。魏老师借上厕所走出了办公室。

4. 你蛮横无理，我心依旧

我抬了一根凳子，说道："孩子，我俩坐着说话吧。"她这时突然哭得更大声了，可以说是号啕大哭。我没有制止她，我让她哭出来，这其实是件好事。哭了一会儿，我轻轻地拍了拍她的肩膀，俯下身子给她擦了擦眼泪。

"小胡，你是一个听话的孩子，袁老师并不会因今晚的事情对你另外看待，对你印象不好。今晚袁老师一直在办公室，听到了你和魏老师的对话，也了解到今晚的事情缘由。你现在想一想，为什么魏老师要留下你？"我引导她分析事情本身。

"是我因拉肚子去上厕所，第三节课上课迟到了。"她解释道。

"那你事先给老师请假了吗？或者请其他同学给老师请个假？如果前面两者都因特殊情况无法办到时，那事后是否应主动说明情况呢？"我引导她遇突发事情应采取合适方式告知或解释，这是对他人的尊重。

"没有……"她非常不好意思地说道。

"魏老师作为你的老师，当你不在的时候，她非常着急，因为她不知道你去哪儿了，问了班级同学，有同学看到你在上厕所，这才让魏老师放心。当你回来时，你进门前和进门后是怎么做的？"我试着让她回忆当时的情景，在回忆中反思自己的行为方式。

她红着脸（把头低着）说道："我直接推开门，就进去了。回到座位后，我还悄悄地说话。"

"小胡，你很诚实，将当时这些情况真诚地告诉我。这是你对我的信任，也是你犯错后的担当。你换位思考一下，如果你是魏老师，面对学生不在教室，又面对学生以上的行为时，你会怎样？"我引导她换位思考，站在他人角度思考问题。

"我……我……我也会像魏老师那样担心，可能当我看到那样的行为时我也会非常生气，因为很不礼貌。"她支支吾吾地说。

"前几天我们班进行了又一次的校内文明大使岗活动，你再次担任组长，站在校门口欢迎同学和老师到校。而且你还引导小组成员向家长问好。在你的带领下，六位同学精神饱满、朝气蓬勃、声音响亮、礼貌有佳，路过的老师和家长都给你们点头和微笑表示认同和赞许。你们的微笑和礼貌是我们班同学们素质和修养的窗口，展示了学生的精神面貌和综合素质，我为你们而骄傲。我相信，你不是故意的，也认识到了自己的错误，我更相信你还是那个开朗、自信、情商高的好孩子。"我微笑着对她说道，并用两只手给她竖起大拇指。

她微笑了一下，说："袁老师，谢谢您，我没想到你面对我今晚这样的蛮横无理，却没有责骂我。我真得很愧疚，我不该这样做，不该伤害爱我的老师，不该辜负一直对我如此之好的老师。"

她站起来，给我鞠了一躬。我再次轻轻地拍了拍她的肩膀。这时，她主动对我说道："袁老师，我这段时间感觉学习很困难，考试也不理想，我感觉自己没了考高中的希望，所以有些自暴自弃。"我没想到，她会在我问她之前主动地向我倾诉和求助。

我给她讲述了一个故事，故事名为《剩者为王》，引导她正确认识学习压力且学会坚持。她情绪平稳后，也明白了遇到问题需要沟通。这时，我以信任的语气对她说："魏老师在外面，你去吧。我相信你可以和魏老师好好沟通的。"

过了大概十分钟，小胡与魏老师微笑着回到办公室。她俩的表情告诉我，这件事情化解了。我和魏老师一起送小胡回到女生宿舍，我们边走边聊新年心愿，路上我还再次鼓励小胡："我相信 2016 年小胡会越来越懂事，将是一个更加温暖他人的快乐女生。"

5. 成长路上，我们同行

在离开校园时，魏老师很好奇地问我："袁老师，你到底用了什么方法让小胡在短暂的时间里认识到自己的错误，而且还主动给我道歉的呢？"魏老师一脸疑惑地看着我。魏老师是一名刚毕业的大学生，对教育充满热情，责任心很强，但或多或少还缺乏一定的教育艺术。于是，我把整个教育过程详细地与她交流，她深深地受到了触动。

"谢谢你，袁老师，今晚你帮了我大忙。当时我心里深知，我和小胡都杠上了，我也不知道该怎么收场。幸好有你，这一次也让我更加懂得如何去有效地、艺术性地教育和引导学生，把爱以正确的方式传递给学生。"魏老师一直在表达感谢。

"谢谢你对学生的关爱，你是一位负责的科任老师，我在刚入职不久时也有不足，我们都有一段成长的路要走，我们一起成长着。明天在你的课堂上，你注意观察下小胡的听课状态，有什么情况我们及时沟通。"我和魏老师挥手道别。

第二天上午，我和魏老师桌子上各有一张小纸条。给我的写道："袁老师，谢谢您，昨晚麻烦您了。我知道您很欣赏我和鼓励我，面对我的错误，您耐心引导我，我知道我昨晚做错了，这段时间也有一些事情我做得不好，请您原谅我的不懂事。我更要感谢您，您没有因为我有的方面做得不好而把我一些担当（职务）给撤掉，依然很信任我，请您放心，昨天的我已过去，我将以全新的我重新开始。"

给魏老师的写道："魏老师，昨晚的事情让您生气了，我后来心里很愧疚。回到寝室，我一直在想您平时对我数学的指导，您那么关心我，而我还这样对您，请您原谅我。我相信，通过这件事情，我和您的师生关系会更深厚。"

看到小胡的话语，我和魏老师心里感受到了温暖和欣慰。

其实，学生犯错在成长过程中是一种必然，也是教会学生不断成熟的教育资源。教师可以把错误当作一次学生蜕变的过程，善待学生的错误，同时理清事件本身的起因，以宽容的心态和平和的语气面对学生的错误，以正面的、积极的暗示引导学生向善、向上，引导学生正确认识问题、分析问题和解决问题，在错误中反思与自省，帮助学生登上成功的阶梯。

【教育事例剖析】

教育沟通是一门学问，没有良好的沟通，简单的问题会复杂化，复杂的问题会严重化。俄国教育家乌申斯基曾说："如果教育家希望从一切方面去教育人，那么就必须首先从一切方面去了解人。"在此案例中，小胡同学上课不准时、语言不文明、行为不礼貌，同时小胡同学自带"我就是有理由"的"护身符"，引起了魏老师的愤怒。而此时的小胡，并没有意识到自己的错误，还沉浸在"我就是我"，是"不一样的烟火"的意识中，如果老师不善加引导，就会出现"针尖对麦芒"的情形，必然会不欢而散，情况严重的话还会引发深度的师生矛盾、家校矛盾。

班主任要善于处理学生与科任教师之间的问题，积极主动帮忙协调、化解。袁老师为更好与学生沟通交流，看到学生站着"被教育"，于是首先自己也站起来，这无形中放下了教师作为教育者的架子，学生一下就能感受到老师对学生的尊重，从心理上能有较大的调整。

后来，袁老师通过积极肯定的方式，让小胡从内心意识到老师对她的关注和培养，同时引导小胡理清迟到的原因，从问题中对她进行积极疏导，帮助她认识到对老师不礼貌是不对的。袁老师给予信任的语言，传递要学会自己主动去沟通的信息，最后有效化解了此次学生与科任教师之间的矛盾，让学生意识到自己的错误，更加懂得老师的善意，还有效促进了师生关系的发展。

由此可见，尊重是师生交流的前提，有效的沟通是解决师生矛盾的关键，师生互相有礼是处理问题的润滑剂。老师多善待学生的错误，采取智慧的方法教育引导，其实可以有效处理一些棘手的问题。

在《道德与法治》（八年级上册）第二单元"遵守社会规则"第四课"社会生活讲道德"中，就包括"尊重他人""以礼待人"相关内容，思政课教师需不断加强自我修养，尊重学生，以礼相待，在语言上温和谦逊，在行为上体现师生平等。另外，思政课教师可以结合学生生活中与老师之间的故事设置教学情景，在设计情景时更多地使用学生这个层面的内容，以学生的情景引出教师的情况。同时，要注意情景及措辞，否则容易使一些学生更加抵触、排斥个别老师，学生在语言上和行为上出现不尊重、不文明等情况。所以，思政课教师在备课中，要充分考虑多种情况，注意材料的选取、修改以及传达的价值观，注重材料的合理性、可行性和导向性。诚然，也要引导学生明白教师也是普通人，也会有喜怒哀乐，要多一些沟通、多一些理解，师生关系才会更和谐。

"校园欺凌"之下……

【写在前面的话】

近年来,有一个沉重的话题,便是校园欺凌。校园欺凌的表现形式很多,学生间的行为一不留神都有可能演变为校园欺凌,它会给学生的身体、心灵带来重大伤害。而小李和小杜之间是不是校园欺凌?小李在学校是否受到了校园欺凌?这只有当事者从客观的角度来回答才能得到真正的答案。

【教育事例呈现】

"袁老师,晚上好,我想问问今天小李在学校发生什么事情了。"手机微信上一则来自小李爸爸的信息出现。此时,是学生快关灯睡觉的时间。我想,可能是小李和小李爸爸谈了今天晚自习前的事情。

我及时给小李爸爸回了电话,将下午发生的事情详细说了,并且说明我已经及时处理好了小李和小杜发生的小矛盾,两人也相互道歉并和好,所以就没麻烦家长来学校处理。小李爸爸也认为,孩子在成长过程中不可能不发生一些矛盾,如果不是校园欺凌之类的事情就不是什么大事。

1."校园欺凌"

然而,不到五分钟,小李妈妈打来电话,带着质问、生气的语气说:"今天我儿子究竟发生了什么事?"面对小李妈妈的不友好的语气,我仍心平气和、耐心地把晚自习前的事情给她再次讲述了一次,并且说刚才我也给小李爸爸解释了,两个孩子已经没有什么问题了,并表示我会继续关注,请别担心等话语。

而此时,小李妈妈似乎有点情绪过激,认为孩子肯定在学校被同学欺负了,谈道:"班级有通校生给我打电话说我儿子长期在学校里面被班级同学欺凌,受到针对。我现在就要见到我孩子,我不管,我马上来学校接!"小李妈妈电话那头边哭边强势地说道。

面对这种情况,我说:"小李妈妈,我完全理解你现在的心情,这样吧,你过来吧。我给生活老师说一声你要来接小李回家,你可以直接去寝室接孩子。"

这是我担任班主任十多年以来第一次遇到的情况,但我没有急躁,而是镇定地分析,进而决定有必要马上去寝室再次了解情况,避免家长接走学生以后各种不符合事实的说法出现。如果错过了第一时间对情况的掌握,问题则会严重化,误会则会更深。

2. 玩笑引起的纠纷

我边走边给生活老师刘老师打电话,再次了解该寝室情况,了解今晚学生归寝后的情况。刘老师非常肯定地告诉我,"这个寝室是最团结的、最友善的、最开朗的,没有任何欺凌。今晚也一切正常,没有其他情况。袁老师,发生什么事儿了吗?"刘老师也很着急地问我,我边走边给刘老师讲述,很快到了寝室。

因事件的特殊性,我不得不把小李以及该寝室的其他同学叫起来。几位同学刚睡一会,有的还没有睡着。我温馨提醒几位同学穿好衣服,注意别感冒。考虑到已经熄灯,同层楼其他同学已经休息,我们就在生活老师办公室进行及时交流与沟通。我请小李以及同寝室其他同学坐下交流,看着同学们疑惑的表情,我分析可能几位同学心里在想是不是做错了什么事儿或者是不是发生了什么大事。

为及时舒缓同学们紧张的心理,我说道:"这么晚了打扰同学们很抱歉,由于一些事情需要及时与大家沟通,所以不得不请同学们起床。同学们别紧张,我只是想了解一些情况。"几位同学们听到我的这些话后,表情明显舒缓了下来,大家不约而同地说道:"没打扰……"

为更好地了解下午小李和小杜的"争吵"乃至出现的厮打事件，我首先请小李再讲述一次事情经过。

"前几天，在寝室里，小杜做了一个动作，我在寝室开玩笑说他像小狗一样，当时小杜没说什么，还是笑着的，可能与我们平时相互开玩笑有关，大家都不觉得有什么。今天中午放学我和小盛、小张一起吃饭时就讲了这个笑话。但小盛和小张在下午下课休息时就和桌子附近同学谈起这个事情，结果小杜就知道了。下午饭后，在教室走廊那儿，小杜很生气地问我是不是我给他们说的。我当时什么也没想，听到他质问我的语气，我也就很强硬地回复他'是我，怎么了？'。于是，小杜就更生气了，我们就争吵起来，然后就厮打起来了。同学们就把我们劝开了，刚好袁老师你就来了。"小李低着头说道。

"小杜，小李说的整个过程，你有额外补充的吗？"我问道。

"大致过程就是这样，下午袁老师在调解时，我们已经彼此相互补充了细节，整件事情就是这样。"小杜回答道。

"小李，下午袁老师在与你和小杜沟通时，小杜单独对我说了他在寝室不生气而你给别人说后他特别生气的原因，也就是引发你俩发生争吵的一个根本原因。即平时你们私下开玩笑时，小杜觉得没什么，因为大家关系好。但今天的矛盾点是，小杜认为你在其他人面前谈到了他在寝室的动作像小狗，很伤他的面子和自尊。同时，他来向你求证时，他本来就很生气了，而你回答他的语气不好，这就成了争吵的导火索。你觉得呢？"我一步一步地再次把该事缘由理清，让两位同学及该寝室同学、生活老师了解发生了什么事。

"是的，袁老师，我把小李当朋友，寝室里他开玩笑，我接受，但不应该对其他人说，导致其他人笑话我，我觉得很没面子，所以很生气。"小杜很委屈地说。

"是我不对，不该在不适合的场合说小杜，更不该在他生气时还那种态度……"小李补充道。

"之所以再次与你俩沟通下午发生争吵乃至厮打的事情，是想再次了解你俩发生矛盾的原因及过程。还有其他补充的吗？"我再次问道。

"没有！"二人不约而同地回答道。

同寝室的小盛一听，主动说道："对不起，袁老师，我其实没有恶意，就是觉得好笑，所以无意间就说了。当时也没有想那么多，没想到导致他们争吵和打架。"

"我本打算明天再与你和小张沟通此事的，现在你已经了解了整个过程，也知道有些原因来自你和小张。我想你也是无意的，你也知道自己的不对。现在我们大家都知道这件事情了，你可以不向我解释和道歉，但你应该对小杜说什么呢？"我边说边引导小盛。

"小杜，对不起，我不该把你的事在你没同意的情况下给其他同学聊，让你出丑。同时也导致你和小李发生矛盾，对不起。"小盛真诚地对小杜说道。

"没关系，只是我觉得在寝室里大家开开玩笑没什么，因为我们都是好朋友，但拿出去说我就觉得不能接受了。"小杜给小盛解释道。

"小杜，下午袁老师在与你和小李沟通时也提出，在这个事情上你有什么不对的地方呢？"我再次问小杜。

"我的情绪过于激动，解决方式存在问题，造成我们吵架乃至动手。"小杜再次反思自己的问题说道。

"小李，这个事情上你怎么看？"等小杜、小盛说完后，我再次问小李。

"首先，在寝室里笑话小杜，我就不对；其次，我和小盛不该在其他人面前谈起此事，让小杜难堪；最后，在小杜已经很生气的情况下，我不该还觉得没什么，还态度不好地回答他并争吵。小杜，对不起，是我不对……"小李再次表达歉意。

"我也有不对的地方。对不起。"小杜也及时回答道。

"下午饭后，袁老师第一时间找了你俩进行沟通了解。现在所了解的事件过程与下午饭后了解的一致，当时你俩也互相道歉并握手言和。今晚回到寝室后情况如何呢？"我问道。

"我们没有什么啊，就像往常一样。"小杜和小李都分别谈道。

"袁老师，学生回到寝室后，我一直都在来回查寝，这个寝室没有什么情况。"生活老师刘老师说道。

"袁老师，有什么其他事儿吗？"同寝室的小张问道。

"小李，等下你的爸爸和妈妈要过来接你回家……"我话还没说完，小李就打断我问道："为什么呢？是因为今天的事儿吗？"

"是的，但你别着急，不是因为你犯错，老师和学校让你回家，是爸爸妈妈想接你回去。这当中可能有什么误会。"我解释道。

"误会？怎么啦？"小李疑惑地问道。

"晚上放学后不久，爸爸和妈妈分别给袁老师打了电话，了解下午饭后发生的事情，袁老师一一给你爸妈解释了。但爸爸妈妈可能因听其他通校生和家长说了什么，担心你受到校园欺凌，情绪比较激动，已经在路上了，要接你回家。"此时，我把核心问题抛出来，也是希望小李了解情况。

"校园欺凌？没有啊。我和小杜就是普通的争吵，或许算打架，但就是这一次啊，我们也相互道歉了，没有什么了啊。"小李很疑惑地说道。

"没事，等会儿爸爸妈妈来了，我们当着爸爸妈妈，与小杜、寝室同学以及刘老师一起，把问题谈清楚就是。你别紧张，到时你和小杜先给爸爸妈妈说说下午的事儿。"我回答道。

3. 他人口中的"校园欺凌"

"袁老师，晚上第一节课下课后，小谢和小芦下课后围在小李面前让他打学校校园欺凌电话，让他报警，让他给家长说被校园欺凌了……是不是？"小隆补充道。

我一听，原来还有这么一个细节，心想小李爸妈会不会因为听到通校生及家长的一些话后情绪失控。但不能随意下结论，需要进一步了解才行。

"小李，有这回事吗？"我向小李求证。

"有。因为我坐她们前面，下课后，她俩就来给我说这些。但我没有打电话，因为我觉得同学之间发生矛盾很正常，不是校园欺凌，况且袁老师已经给我们调解好了。所以我就没理会。"小李说道。

此时，我心想，会不会因为放学后两位同学回到家给家长谈到此事，家长出于关心就给小李父母打电话而引起了此事。

就在此时，小李爸爸妈妈到了。从小李爸妈表情可以看出，两人非常气愤。小李妈妈看到小李，眼泪就流下来了，抱着孩子哭，此时的小李一片茫然。

"小李爸爸、妈妈请坐，我也正在再次了解情况。"我仍采取像往常一样的称呼和处理方式。

"叔叔阿姨好。"其余几位同学也像往常一样打招呼。

然而，小李爸爸妈妈却很"冷漠"，没有回应。

"小李爸爸、妈妈，下午我第一时间与两个孩子沟通了解了情况，两位同学也相互道歉并和好。刚我到寝室后，我又再次向两位同学了解情况，看还有没有其他情况。"我这样说的目的在于传达两个信息，一方面是在两位同学发生矛盾后作为班主任的我第一时间了解了情况，并教育和引导了两位同学；另一方面是希望当着家长的面，把问题理清楚，避免产生误会。

"小李，这样吧，爸爸妈妈都来了，为让爸爸妈妈了解情况，你再把你和小杜发生的事情说一下。"我故意这样说道，也希望小李爸妈了解真实情况。

小李把刚才对我们所说的过程再次陈述了一遍。小李刚说完，小李妈妈就强硬地问道："真的是这样吗？我不希望你说假话。不希望因为有其他人，你才这样说。"

我一听，小李妈妈明显存在不信任的态度，而且话语还比较尖锐。

"真的是这样，事情本来就是这样的。"小李回答道。

"小杜，小李刚才说的你有补充吗？"我转向小杜，也让小杜发言。

"是的，小李说的就是整个过程。我也有不对的地方。"小杜说道。

"如果是简单的一起同学之间的小矛盾，我觉得很正常，但是我们听到的是我的儿子长期在班级中受同学欺凌。"小李父亲非常气愤地说道。

"就是。儿子，你的性格就是太软弱，有什么你就大胆说出来，不要怕。爸爸妈妈都在这里。"小李妈妈边哭边继续这样引导小李。

听到这里，生活老师刘老师有些生气。刘老师说道："我是小李的生活老师，带了他们这么久了，可以说这个寝室是我们这层楼最和谐、最快乐的寝室之一。袁老师每周多次查寝，我也是在这层楼来回查寝。小李很开朗，经常笑哈哈的。今晚返回寝室，这个寝室也与往常一样很和谐。这是真实的情况。"

"小李爸爸妈妈，我能理解你们作为父母的心情，当听到别人给你们说起孩子的事情时，你们有担心也是正常的。你说的校园欺凌是什么呢？可否具体说说？看有没有这样的情况。孩子们都在这里，这样也便于我们面对面进一步沟通与了解。如果真的有校园欺凌，我第一时间联系学校，联系相关同学及家长等，大家共同解决。"我站在家长角度理解小李爸爸妈妈的反应，依然非常耐心、平和地说道。

4."校园欺凌"释然

"既然都这样了，那我就直说了。小李，我问你，你的手表遗失怎么回事？为什么后来又找到了？难道不是有人故意给你藏起来吗？"小李妈妈质问小李。

"平时睡觉时，我就把手表取下来放在枕头边。有一次，起床后确实找不到了，但后来打扫卫生发现在床下，挨着墙壁那边。应该是掉下去了，那个位置又不容易看到。"小李回答道，再次反驳妈妈的质问。

"真的是这样？就没有人故意藏你的手表？那我再问你，为什么我听说这两年多以来，平时下课时，要么这个男生敲下你，要么那个女生拍下你，他们觉得你性格好，总是这样欺负你，有没有这回事儿？你老实说。"小李妈妈越说越激动，还边说边哭。小李爸爸一旁听着，也十分气愤。

"妈妈，你知道的，我平时也比较疯，爱和他们开玩笑，我也会去和他们这样啊。这并不是他们欺凌我啊！"小李再次反驳妈妈的质问。

随后，小李妈妈还接着问了2~3个问题，一一被小李"反驳"了。可以看出，小李妈妈和爸爸心情舒缓许多，平静许多，似乎发现是自己过度反应了。

"小李爸爸、妈妈，小李是这个寝室最开朗、最活泼的，还经常和我开开玩笑。这个寝室同学们也很和谐，平时都非常听话，也并没有什么欺凌。袁老师是我见过最负责的班主任，经常查寝，每次来寝室都非常关心同学们的生活，还与我沟通寝室情况等。"生活老师刘老师补充道。

"我们没有任何欺凌，我们寝室很和谐，所以经常开玩笑。手表一事，我们都知道，我们还帮忙找。"小盛说道。

通过小李一系列的"反驳"和同学、老师真诚的回答，小李爸妈心中的一系列困惑也得到解答，他们的神情略显尴尬。

小李爸妈虽然有些咄咄逼人和不友善，但我知道这是作为父母担心孩子的表现，我表示充分理解。此时，我仍很平静、理性地说道："小李，刚才妈妈担心的问题，你回答的都是真的吗？同学确实没有对你进行校园欺凌吗？我也希望你真诚告诉我们，这样也便于我们能了解情况和帮助解决。"

"袁老师，我回答的就是我的心里话。同学们真的没有欺凌我，而是我们关系好才会这样小打小闹。"小李再次肯定地表达。

"那我就放心了，我相信爸爸妈妈也会更放心。"我说道。

"没事就好，当妈的担心才会这样。同学们，老师们，不好意思哈，这么晚了还打扰你们。"小李妈妈带着歉意说道。

"没事，我完全理解你们作为家长的心情和担忧，大家解释清楚了就没什么了。"我回答道。

"小李妈妈，那你今晚还接小李回去吗？"我紧接着问道。

"小李，你说呢？"小李妈妈不好意思地把问题抛给小李。

"我觉得没必要吧。"小李回答道。

"那好吧，那我们就回去了，你们也好休息了。"小李爸爸说道。

几个孩子回寝室休息了。

"刘老师，不好意思，这么晚还打扰你。我们先走了。"我对刘老师说道。

"没事，你也很辛苦，这么晚了，明天还要上课。小李爸爸妈妈你们也慢点。"刘老师关心地对我们说道。

"我送你们到校门口吧，我正好也要从校门口回家。"我主动对小李爸妈说道。一路上，我也像往常一样和小李爸妈聊天，更多是交流如果遇到问题时，可以相互沟通，避免产生误会。

到了校门口分开后，我给小李妈妈发了一条短信："小李爸爸妈妈，路上开车慢点，到了说一声，我也放心。今天你们反映的问题，不管是否存在，我会继续关注，同时也会多与小李沟通，请放心。"

半个多小时后，我收到了小李妈妈的回复："袁老师，今天我和小李爸爸有些失态，对你态度不好，也误会了很多事情，还请你体谅作为父母的心情。我们确实不该盲目听取其他家长和同学的个人意见就下结论，乃至出现不理智的语言和行为。谢谢袁老师一直以来对我儿子的关心！我们到家了，请放心。晚安！"

"小李爸爸妈妈，你们到家我就放心了。我完全理解作为家长听到此事的心情，我相信，只要我们互相信任、互相理解、互相协作，多些沟通与交流，就可以避免误会的。放心吧，我会继续关注的。晚安。"我及时回复道。

第二天，或许是小盛给小张谈了昨晚的事情，小张主动找我道歉，也主动给小杜、小李道歉。后来几天，我多次关注小李以及其他同学，并且多方了解，确实不存在所谓的校园欺凌，也再次与小李爸爸妈妈微信沟通交流。为更好地对全班进行集体引导，分别召开了"向校园欺凌说'不'！""如何更好关心帮助同学""让有效沟通减少矛盾"三次主题班会，帮助小谢、小芦以及其他同学们正确认识和预防校园欺凌，以恰当方式帮助同学，用真诚的沟通减少彼此的矛盾。后来，小谢、小芦还给我留纸条表示抱歉，因为自己的"误解"和"关心"造成更大的矛盾。

在这件事情上，我明白了处理问题还是需要考虑周全，不仅要处理好学生之间问题，还应主动与家长交流，让家长也第一时间了解情况，避免误会。在面对家长的不理智时，老师需保持冷静，站在家长角度理解家长心情，引导家长一步一步地理清问题、看清问题，从而有效解决问题。同时，对学生问题多一些正面理解，多一些科学引导，多一些耐心教育，让学生在解决问题的过程中成长。

【教育事例剖析】

小杜同学和小李同学是同一个寝室的好朋友，朋友之间开开玩笑，还可以"乐呵乐呵"，彼此间无所谓。对于孩子之间的玩笑、嬉戏、打闹等，我们不必过于担心，这是孩子天真烂漫的表现，是孩子成长的必经环节。但我们也要对相关情况进行提防，以免真出现校园欺凌。事例中，小杜同学和小李同学之间的玩笑，超越了一定场景、超越了一定人物关系，必然会引起小杜同学生气，因此，一定要注意玩笑（说话）要有底线、要分场景，不然真会成为朋友关系破裂的直接因素，甚至真会发展为校园欺凌，乃至造成违法犯罪。

小杜同学和小李同学之间发生的事情，如果说是校园欺凌的话，则应该是小杜先受到了校园欺凌，因为小李同学在寝室里面对小杜同学说像小狗，而且还公开与其他人说了小杜同学的"丑事"，其次才是小李同学受到了校园欺凌，因为小杜因此事而打了小李。当然，实际上我们并不能像这样来理解。小李父母得知小李受欺负后，结合"传言"，加之小李的性格以及以前发生在小李身上的事情，小李父母愤怒到极点，要向学校老师讨说法，这是做父母的正常表现。幸而小李同学对父母感到不可思议的事情（父母认为是校园欺凌）进行了回答，表达了自己的真实感受和想法。发生在小李同学身上的被误认为"校园欺凌"的事件也真正得到了完美解决。

但对于校园欺凌，老师务必要高度重视，因为校园欺凌带给学生的不仅仅是身体上的损伤，还有心理上的创伤。在这件事情上，小李实事求是地表达自己的想法、耐心向父母进行解释对于事情的解决起到了关键性作用。同时，个别同学、家长向小李爸妈提出小李被班级同学校园欺凌，经查证后并非如此，可见学生在法治意识上还有很大的提升空间。

思政课教师可以结合《道德与法治》（八年级上册）第二单元"遵守社会规则"第五课"做守法的公民"进行教学。可以结合该课中"校园欺凌"相关的案例进行分析拓展。比如，在"预防犯罪"一课时中，思政课教师可以选取一个有关学生从不良行为到严重不良行为到违法犯罪，从恶作剧、与同学打架、经常欺负同学、打伤同学到带领其他学生群体欺凌致被害者严重伤害的案例，分析、讨论"该生怎样一步一步走上犯罪道路的""如果遇到校园欺凌，你该怎么做"等问题。

在教学中，思政课教师要引导学生有智慧、有方法、有勇气地维护自身合法权益，冷静、理智地处理事情，避免受到更大的伤害。同时，当合法权益受到侵害时，我们还可以拿起法律武器维护自身合法权益。这时，思政课教师可以结合"善用法律"一课时的内容开展教学活动，如"受害者如何维护正当权益""如果你看到有同学被校园欺凌，你可以怎么有勇有谋地帮助他"等等。这样，选取学生生活中的真实案例、创设恰当的教育情境、设置可探究的问题，能够充分激发学生学习兴趣、调动学生深入思考的欲望，有利于师生在问题解决过程中掌握获得法律帮助和维护合法权益的方式和途径，提高运用法律的能力。

明天再来教育你

【写在前面的话】

主动担当,是一个人责任感的体现,也是锻炼综合能力的一种方式。我们常说,被人信任是一种幸福。小胡主动申请担任楼长,在两年多的时间里工作认真负责,得到了大家的肯定。然而,他为何会违反寝室规定?为何我会如此生气?为何会引起小胡的哭闹?为何当晚小胡一直打电话要求见我?后来师生又是如何化解误会的呢?

【教育事例呈现】

"袁老师,我主动申请担任男生寝室楼长。"小胡在入学后不久恳切地向我申请。这应该是源于我在开学第一课时上了一堂"主动找机会,赢得好未来"的主题班会,引导班级学生主动寻找担当、主动申请担当和主动与老师交流。

1. 主动担当

小胡就是众多主动申请担任楼长的同学中的一员,我和他聊了一会,通过对"你为何想担任此职务""你知道此职务所需要承担的责任有哪些""你打算在此工作上有何规划和创新"等问题深入交流后,我决定给小胡一次锻炼的机会。

没想到,这个孩子每天认真查寝,协助老师检查寝室内务、纪律等,做好了相关协调工作。两年多以来,我、生活老师以及班级同学都对小胡的工作给予了充分的肯定。

2. 违反规定

可是，在初三半期考试成绩出来后，一天晚上，我去男生寝室查寝，生活老师向我反映，这两天小胡和另外一个同学晚上睡觉后讲话。

我非常生气：一是小胡这次半期考试较之前的成绩明显下滑，二是他作为楼长不但没树立好榜样，还违反宿舍规定。于是，我气冲冲地走到他们寝室，找了这两个学生进行教育。

"你就是这样给同学当好榜样的？晚上讲话不好好睡觉，成绩怎么能提升？明天你自己来找我说明情况，去睡觉吧。"我没有给他说话的机会，主要想通过他看到我对此事的态度让他去反思自己的错误之处，同时也是基于寝室熄灯后让他好好休息的考虑。说完，我依旧愤怒，转身回家去了。

由于当天课比较多、事务繁杂，一身疲惫，忘记把手机从静音调为铃声，就睡着了。第二天早上起来，看见很多未接来电。其中有来自生活老师和年级组长的，我先回复了生活老师。

3. 寻求解释

原来，昨晚我走了大概半个小时，小胡突然起床找到生活老师，给生活老师解释他为何那两天晚上讲话，而且执意用生活老师的手机联系我，要给我说清楚事情的情况。然而，打了几个电话，我都没有接。这下，小胡的情绪更加激动了，开始哭闹，"责怪"生活老师不了解情况，对我不接电话听他解释表示"气愤"，认为我对他失去了信任和喜爱。

尽管生活老师对小胡进行解释，但他什么都听不进去，然后他又拨打年级组长的电话，希望通过年级组长能找到我，可我还是没接电话。

于是，平时听话的他一下子失去了理智，在寝室里大声地又哭又闹，致使他们寝室的其他四个同学全部起床来安慰他，整层楼的同学都被影响了，一直闹到晚上 12 点。

生活老师看出了他的心理，给他说："小胡，你平日工作做得很好，你刚才也解释了为何讲话，明天我给袁老师解释，帮你说清情况。你和同学明天都要上课，快睡了吧。"听到生活老师会帮忙澄清，小胡这才平静下来，整层楼才安静下来。我想，年级组长给我打电话也是因为这事，我回复过去确实如此。

4. 不被理解

当我听到生活老师谈昨晚发生的事情时，我心里的确非常生气，小胡怎么可以这样做？我给他说了今天再谈，为何他昨晚又哭又闹，完全不顾他人的感受，太让我失望了，这样还怎么当好楼长一职？

到了办公室，早自习下课后，我找到小胡，在办公室与他进行单独的谈话。他见到我，头低着。我气愤地说道："昨晚为何这样？你就是这样当楼长的？难道你不知道昨晚你那样做很过分吗？"接连几个问题将我的"怒气"表达出来。小胡看到我如此生气，顿时哭了起来。

"因为我要给您解释清楚一些事情，我不希望您误会我……"小胡断断续续地说道。

本很气愤的我，听到他说这句话，大脑里一直浮现与生活老师沟通的内容，虽然我知道小胡说话事出有因，但我想让他明白，他是楼长，要懂得"正人先正己"和班干部要遵守规则、有大局意识的道理。

5. 被误解了

但我心想，我是不是过于"规则化"了？对小胡是不是过于"严厉"了？这中间有什么我没注意到的？于是我把语气放平和接着问他："昨晚我走的时候不是说了我们今天谈吗？为何你昨晚要那样做呢？"我很不解地看着他。

"我讲话是不对，主要我想提醒小飞晚上不要说话。您批评我，我知道是对的，因为我确实在不该说话时说话了。您很信任我，我不想您认为我工作做得不好，认为我不听话，我想第一时间给您解释、给您道歉。所以我才……加上我这次半期考试考差了，心情很烦躁，也担心您对我失望……"小胡很委屈地说道。

原来是我没有给他"申述"的机会，没有给他说清情况的时间，他只是不想我对他否定和失望。

确实，我只是把话"丢出去"了，但没去分析事情缘由和理解学生的心理，才出现了昨晚的事情。

6. 谢谢您的原谅

这时，我心里很愧疚，我向小胡表达了我的歉意。同时，我还给他解释昨晚为何"不接"电话，由于我的失误导致了小胡消极的想法，才使他出现了情绪失控。

当我讲完这些话时，小胡的心结也打开了。他也主动道歉，谈道："因为这段时间学习遇到了困难，考试也考差了，情绪有些失控，堆积起来后整个人都'糊涂'了，因为自己的问题和对袁老师的误会让整层楼的同学都没休息好，也给生活老师带来了麻烦。我知道接下来我该怎么做，请袁老师放心。"

接着，我和小胡谈了谈近期学习情况，给了他很多建议。我们在愉快的交流中结束了谈话。下午我办公桌上有一张留言条："袁老师，谢谢您的原谅。昨晚我那样做，但您都没有撤销我的职务，我会更珍惜的。"

看到这张纸条，我心情很复杂。我们需要多反思我们的做法是否适合每一个学生，是否及时给予了学生表达的机会。面对学生的错误，我们应多一些宽容，多一些倾听，多一些指导，特别是不可轻易撤销其职务。现在想起来，我幸好没这么做，否则我真的伤害了一个孩子的心。

【教育事例分享】

亲爱的读者，你是否也有类似的经历？请结合你的教育教学经历或者经验分享您的教育事例。

第四篇　实现新目标
——印染思政之色

"雄关漫道真如铁,而今迈步从头越。"这不仅是对问题难以逾越的描述,更是对我们开拓进取的激励。每一次讨论,都是教育发展的要求;每一个问题,都是学生成长的追求;每一次革新,都是教育价值的诉求。

思政课教师要不断自我革新,不断去实现新目标,印染思政之色。"待到山花烂漫时,她在丛中笑。"

教学活用巧用"小栏目"

【写在前面的话】

　　立德树人是教育的根本任务,党的十九大再次强调立德树人,这是新时代教育系统坚持和发展中国特色社会主义核心所在。立德树人从立教科书开始,2017年9月新学期,义务教育统编教材(统编三科教材)在全国小学和初中起始年级使用,"国家行动"的统编教材为中国教育刷上了"中国底色"。作为反映国家意志和精神的统编《道德与法治》教材更加引起了人们的关注和重视。在《道德与法治》教材中,"小栏目"占据了大量篇幅,是教科书教学内容的重要组成部分。统编《道德与法治》教科书中"小栏目"包括"运用你的经验""探究与分享""阅读感悟""相关链接""方法与技能""拓展空间"。六个"小栏目"的布局、功能、呈现形式、数量有所不同。准确把握六个"小栏目"设置,有助于精准把握教科书的编写、有助于有效开展课堂教学。

【教育事例呈现】

1. 教材变化的基本情况

　　2015年3月18日,教育部办公厅发布了《教育部办公厅关于2015年中小学教学用书有关事项的通知》(教基二厅〔2015〕1号),通知指出:"义务教育国家课程各学科使用《2015年义务教育教学用书目录》(见附件)公布的教材。""鉴于义务教育德育、语文、历史学科尚未完成全套教材的编写、修订,上述学科仍沿用原出版社出版的课程标准实验教材,不得更换其他版本。"

2016年4月8日，教育部办公厅发布了《教育部办公厅关于2016年中小学教学用书有关事项的通知》（教基二厅函〔2016〕12号），通知指出："为贯彻落实党的十八届四中全会关于在中小学设立法治知识课程的要求，从2016年起，将义务教育小学和初中起始年级'品德与生活''思想品德'教材名称统一更改为'道德与法治'。""义务教育品德、语文、历史学科起始年级使用新编、修订教材，上述学科因后序册次教材正在审定中，仍沿用原出版社出版的教材，不得更换其他版本。""中小学教材使用应保持稳定，各地要按照本通知要求，做好今年中小学教学用书的有关工作。如需更换教材版本，应严格按照中小学教材选用有关规定进行，并为教材印制、发行等留足时间，确保课前到书。"

2017年4月24日，教育部办公厅发布了《教育部办公厅关于2017年中小学教学用书有关事项的通知》（教材厅函〔2017〕2号）。通知指出："义务教育国家课程相关学科（除《道德与法治》《语文》《历史》和小学《科学》之外）仍使用《2016年义务教育教学用书目录》（教基二厅函〔2016〕12号）公布的教材。""义务教育《道德与法治》《语文》《历史》和小学《科学》因部分册次教材审定工作尚未最终结束，上述教材使用工作将另行通知。"

2017年6月26日，教育部办公厅发布了《教育部办公厅关于2017年义务教育道德与法治、语文、历史和小学科学教学用书有关事项的通知》（教材厅函〔2017〕6号），通知指出："根据中央要求，教育部组织编写了义务教育道德与法治、语文和历史教材（以下简称统编教材），义务教育一、二年级品德与生活和七、八年级思想品德教材名称统一更改为道德与法治。""义务教育六·三学制：道德与法治一年级、七年级和八年级下（法治教育专册）统一使用统编教材，语文一年级、七年级统一使用统编教材，历史七年级统一使用统编教材。义务教育五·四学制：道德与法治、语文一年级统一使用统编教材。其他年级册次使用原选用出版社出版的教材，不得更换版本。""今年新使用统编教材的地区其统编教材具体发行和使用人教版地区二、八年级教学用书有关事宜另行通知。"

2017年7月4日，教育部办公厅发布了《教育部办公厅关于2017年义务教育道德与法治、语文（二、八年级）有关教学用书事项的补充通知》（教材厅函〔2017〕12号）。通知指出："教育部组织编写的义务教育道德与法治、语文（二、八年级）教材已经国家教材委员会审定通过"。"2016年使用义务教育道德与法治、语文统编教材的地区，2017年全部使用审定通过的二、八年级统编教材。""全国所有地区义务教育六·三学制道德与法治八年级下全部使用统编法治专册教材。"

2018年4月25日，教育部办公厅发布了《教育部办公厅关于2018年中小学教学用书有关事项的通知》（教材厅函〔2018〕5号），通知指出："义务教育国家课程相关学科（除道德与法治、语文、历史和小学科学之外）仍使用《2016年义务教育教学用书目录》（教基二厅函〔2016〕12号）公布的教材。""实施六·三学制地区，义务教育一、二年级和七、八年级统一使用统编《道德与法治》《语文》教材；七、八年级统一使用统编《历史》教材。原使用人民教育出版社三科教材地区的三年级和九年级使用统编三科教材。"

2019年5月14日，教育部办公厅发布了《教育部办公厅关于印发2019年中小学教学用书目录的通知》（教材厅函〔2019〕3号），通知指出："义务教育国家课程各学科使用《义务教育国家课程教学用书目录》中的教材。道德与法治、语文、历史全部使用统编教材。"

2020年4月3日，教育部办公厅发布了《教育部办公厅关于印发2020年中小学教学用书目录的通知》（教材厅函〔2020〕1号），通知指出："义务教育国家课程各学科使用《2020年义务教育国家课程教学用书目录》中的教材。道德与法治、语文、历史全部使用统编教材。"

以上相关文件仅节选了初中"道德与法治"的相关内容，不含高中思想政治、不含其他学科（课程）内容；同时，主要是指"六·三学制"的普通类学校。更多详细内容可以登录教育部网站查询。

2. 对"小栏目"的认识

按照《教育部办公厅关于2016年中小学教学用书有关事项的通知》（教基二厅函〔2016〕12号）要求，2016年秋季入学的初一新生将使用《道德与法治》教材，教材的出版社可以是该地区原来所使用《思想品德》教材的出版社。我校 2016 年秋季所使用的教材为教育科学出版社出版的《道德与法治》教材。2016 年秋季，我负责初二年级的教学，所使用的教材为教育科学出版社出版的《思想品德》教材。由于自己不使用新教材，因此在 2016 年时也没有参加教育科学出版社《道德与法治》教材的新教材使用培训等。

按照教育部办公厅 2017 年发布的几个教学用书的通知，义务教育"六·三学制"初中道德与法治统一使用统编教材。我校 2017 年秋季入学的初一新生使用人民教育出版社出版的统编《道德与法治》教材。2017 年秋季，我负责初三年级的教学，由于当年不会使用新教材开展教学工作，以及其他原因，没有直接参加统编道德与法治新教材使用培训。

我校 2018 年秋季入学的初一新生继续使用人民教育出版社出版的统编《道德与法治》教材，此时我也接手了 2018 年秋季入学的初一新生，开始使用人民教育出版社出版的统编《道德与法治》教材。当然，在使用新教材之前，按照相关安排，自己参加了统编教材的培训。通过培训，自己对统编教材的编写理念、教材内容等有了一定的认识，但更多地需要自己去消化、需要自己去研究、需要自己去实践。尽管自己有近十年的教学工作经验，在教学与研究上也有一定的成绩，但面对着新教材、面对着统编教材，自己也没有足够的底气：怕自己对学科（课程）的性质、理念等认识不到位，怕自己对学科（课程）教材内容把握不全面，怕自己对学科（课程）的教学过于肤浅……但从另外的角度来讲，这些问题都得面对，而且都得解决好才行。

开学前拿到《道德与法治》教科书时，自己很欣喜。作为统编三科之一的《道德与法治》教材，凝聚了众多专家学者的智慧和汗水，其编写体例、结构较为工整，为我们深入把握教材内容提供了一定的线索。

翻开《道德与法治》教科书，我们可以看出每一框题下面都有一些"小栏目"，比如"运用你的经验"小栏目、"探究与分享"小栏目等，而且这些"小栏目"占据了重要篇幅，对于支撑起该框题的知识内容、价值体系等具有重要作用。因此，我想通过对初中统编《道德与法治》教科书中"小栏目"的编写进行分析，精准把握小栏目设置的意图，深入把握教科书内容、有效开展课堂教学。于是，作为一个刚刚使用统编《道德与法治》教科书的新手，我开始对"小栏目"进行把握，试图能更好地研读教材。

"小栏目"是指在教科书中以虚线框或实线框进行呈现的特定主题内容。初中统编《道德与法治》教科书中的"小栏目"包括"运用你的经验""探究与分享""阅读感悟""相关链接""方法与技能""拓展空间"。

第一个，"运用你的经验"。"运用你的经验"，即学生运用自己已积累的经验，是承认、接受个体生活经验的表现，多以"情境+问题"的形式呈现。

第二个，"探究与分享"。"探究与分享"，即学生对相关内容进行探究并与班级其他学生分享探究的过程与结果，多以"活动+问题"的形式呈现。

第三个，"阅读感悟"。"阅读感悟"，即学生通过对相关内容开展阅读，从材料中、案例中感悟、思考相关人物、特定事例所反映的人物品质、精神、规律等，多以"故事性资源"呈现。

第四个，"相关链接"。"相关链接"，即对相关事例、资料、数据的引证和阐述，在于帮助学生理解、深化认识，多以"理论性资源"呈现。

第五个，"方法与技能"。"方法与技能"，即学生在学习过程中应当掌握的方法和技能，在于向学生提供可借鉴、可操作的策略、方法，该栏目多为直接呈现出可操作的策略与方法。

第六个，"拓展空间"。"拓展空间"，即对框题教学内容进行拓展、延伸、补充等，该栏目多指向课内外实践，多以"问题思考型、操作指南型"进行呈现。

3. 对"小栏目"的把握

开学初，我通过对《道德与法治》（七年级上册）教科书中的"小栏目"进行仔细查阅，列出了表格，直观呈现出各框题中"小栏目"的设置情况。教科书中的"小栏目"设置如下：

实现新目标——印染思政之色

表 4-1 《道德与法治》(七年级上册)教科书中小栏目设置

教材的单元、课、框			小栏目的类型						小栏目数总计(个)
			运用你的经验	探究与分享	阅读感悟	相关链接	方法与技能	拓展空间	
第一单元 成长的节拍	第一课 中学时代	中学序曲	1	6	1	1	0	1	10
		少年有梦	1	3	1	2	1	1	9
	第二课 学习新天地	学习伴成长	1	4	1	1	0	1	8
		享受学习	1	4	0	0	1	1	7
	第三课 发现自己	认识自己	1	4	1	0	2	1	9
		做更好的自己	1	4	1	1	1	1	9
第二单元 友谊的天空	第四课 友谊与成长同行	和朋友在一起	1	4	0	0	0	1	7
		深深浅浅话友谊	1	5	1	0	0	1	8
	第五课 交友的智慧	让友谊之树常青	1	5	0	0	1	1	8
		网上交友新时空	1	5	0	0	0	1	7

续表

教材的单元、课、框			小栏目的类型						小栏目数总计（个）
			运用你的经验	探究与分享	阅读感悟	相关链接	方法与技能	拓展空间	
第三单元 师长情谊	第六课 师生之间	走近老师	1	2	1	1	1	1	7
		师生交往	1	2	2	1	1	1	8
	第七课 亲情之爱	家的意味	1	3	1	1	1	1	8
		爱在家人间	1	4	2	1	1	1	10
		让家更美好	1	2	0	1	1	1	6
第四单元 生命的思考	第八课 探问生命	生命可以永恒吗	1	4	1	1	0	1	8
		敬畏生命	1	4	1	1	0	1	8
	第九课 珍视生命	守护生命	1	4	0	2	0	1	8
		增强生命的韧性	1	4	1	1	1	1	9
	第十课 绽放生命之花	感受生命的意义	1	3	1	0	0	1	7
		活出生命的精彩	1	6	0	0	0	1	8
小栏目数总计（个）			21	82	17	16	12	21	169

我们可以看出，在统编《道德与法治》（七年级上册）教科书四个单元十课二十一个框题中，小栏目共出现 169 次；教科书各单元各课各框中都有 6~10 个小栏目的布局，其中，"运用你的经验""探究与分享""拓展空间"这三个小栏目在每个框题中均有涉及；六个小栏目在"少年有梦""做更好的自己""走近老师""师生交往""家的意味""爱在家人间""增强生命的韧性"框题中均有设置。

"运用你的经验"小栏目在教科书中共出现 21 次，在每框均设置了该栏目，且每框只有一个，具有特定的规律性。同时，结合教科书具体安排，该栏目呈现于每框的开篇，介于"框题"与"目"之间。如，第一单元第一课第一框"中学序曲"中的"运用你的经验"设置了中学生与小学生在两方面（年龄、生活）对比的情景，同时设置了"上了中学，你觉得长大没有？""你对中学生活又哪些期待？"两个问题。紧接着设置"新的起点"这一目。

"探究与分享"小栏目在教科书中共出现 82 次，在各框题中的布局不均，最少的有 2 个、最多的有 6 个、多数布局 4 个。"探究与分享"多以"活动+问题"的形式呈现，如第一单元第一课第一框"中学序曲"中的一个"探究与分享"设置为：呈现开学以来学生在学校里经历的新鲜事，并设置问题"你在校园里还有那些发现？""你的初中生活与小学相比有哪些变化？"另外，值得注意的是，"探究与分享"中所指的问题不仅包含常规的以问句呈现出来的问题，还包括学生所要完成的探究与分享的任务，如，第一单元第一课第一框"中学序曲"中的一个"探究与分享"设置为"请查阅相关人物的资料或采访身边的人，记录他们对中学时代的回忆，并写下自己的发现和思考。"

"阅读感悟"小栏目在教科书中共出现 17 次，在各框题的布局不均。有 13 个框题各有 1 个"阅读感悟"小栏目，有 2 个框题各有 2 个"阅读感悟"小栏目，有 6 个框题没有设置"阅读感悟"小栏目。"阅读感悟"多以材料、案例的形式呈现，如第一单元第一课第二框"少年有梦"中的"阅读感悟"以何其芳同志的"我为少男少女们歌唱"这一诗歌呈现出来。

"相关链接"小栏目在教科书中共出现 16 次，在各框题的布局不均。有 12 个框题各有 1 个"相关链接"小栏目，有 2 个框题各有 2 个"相关链接"小栏目，有 6 个框题没有设置"相关链接"小栏目。"相关链接"多以"理论性资源"呈现，如第一单元第一课第二框"少年有梦"中的一个"相关链接"在承接"少年的梦想，与时代的脉搏紧密相连，与中国梦密不可分"这一正文的基础上，对中国梦进行了阐释"实现中华民族伟大复兴，是中华民族近代以来最伟大的梦想，我们称之为'中国梦'，其基本内涵是实现国家富强、民族振兴、人民幸福，实现中国梦必须走中国道路，必须弘扬中国精神，必须凝聚中国力量。"

"方法与技能"小栏目在教科书中共出现 12 次，在各框题的布局不均。有 10 个框题各有 1 个"方法与技能"小栏目，有 1 个框题有 2 个"方法与技能"小栏目，有 10 个框题没有设置"方法与技能"小栏目。"方法与技能"多直接呈现可操作的策略与方法，进而对相关教学内容进行补充。如第一单元第一课第二框"少年有梦"，正文介绍了"努力，是一种生活态度""努力，需要立志""努力，需要坚持"，随后，在"方法与技能"小栏目中呈现了以"'努力'也有方法"为主题的具体方法，其方法包括"分清轻重缓急，合理规划和管理时间""劳逸结合，学会科学用脑"等五个方法。

"拓展空间"小栏目在教科书中共出现 21 次，每框均设置了该栏目，每框只有一个，且设置于每框题的最后，具有特定的规律性。"拓展空间"多以"问题思考型、操作指南型"进行呈现，如第一单元第一课第二框"少年有梦"在该框题最后设置"拓展空间"："在生活中，你会为实现梦想付出怎样的努力？"同时，呈现了四方面努力计划：未来三年里，我最大的梦想_____；为了实现梦想，我需要培养的品质_____；我需要做的准备_____；我目前可以开始的行动_____。

可见，"运用你的经验"和"拓展空间"在每个框题中只出现一次，且出现的位置固定，具有一定的规律性；"探究与分享"在各框题中均是出现次数最多的小栏目，是教科书中各小栏目的重点；"阅读感悟""相关链接""方法与技能"这三个小栏目布局不均。因此，我们也不难发现统编初中《道德与法治》教科书每一课内容的展开都包含着一条引领生活经验的线索："从'运用你的经验'开始，把学生的个体经验作为学习的起点；随后的'探究与分享'等活动设计引导学生个体生活经验得以表达、分享，进而促进个体对自身经验的反思，通过师生经验、生生经验的碰撞促进学生个体经验的调整、扩展；最后均以'拓展空间'结束，力图使教学从课堂延伸到学生更广阔的生活领域。"

4. 对"小栏目"处理

（1）重视学生经验，把学生的个体经验作为教学的起点

在教育教学实践过程中，我们面对的是在学习生活中已经积累了一定知识、能力和价值观的活生生个人。把学生个体经验作为学习起点、学习内容贴近学生生活经验，这既是教材编写的追求，也应当是教学的追求。教科书在每一框题的起始位置设置了"运用你的经验"这一小栏目，"运用你的经验"直接与框题教学内容相联系，反映出学生在学习本框题之前所具有的经验，体现出以学生为本、尊重学生主体地位的理念，应合理有效运用该栏目。

如第一单元第一课第二框"少年有梦"中的小栏目"运用你的经验"（第8页）的内容为：

警察叔叔抓坏人可厉害了，我长大了要当警察——幼儿园的小波

我最喜欢去爸爸的蔬菜大棚帮忙，我长大以后我想建更大、更好的蔬菜大棚！——三年级的小美

我的梦想是拥有七彩人生，我想去周游世界，我想做环保志愿者，我还想……——七年级的小文

……

你的梦想是怎样的？

如果梦想不能实现，梦想还有意义吗？

在教育事例呈现方面，该栏目呈现了幼儿园的小波、三年级的小美、七年级的小文的梦想，同时单独留有一个空白位置。在设问方面，共设置两个问题"你的梦想是怎样的？""如果梦想不能实现，梦想还有意义吗？"

该"运用你的经验"栏目立足学生对未来生活的思考，以幼儿园的小波、三年级的小美、七年级的小文三个不同年龄阶段、不同性别、不同人的不同梦想为指引，同时单独留有一个空白位置。空白位置可以填写他人的梦想，也可以填写自己的梦想；可以填写曾经的梦想，也可以填写现在的梦想……为空白位置内容的填写预留了足够空间。

但，第一个设问"你的梦想是怎样的？"为案例中的空白位置填写指明了方向，即在明确他人有梦的基础上，意在让学生编织自己的人生梦想，

因为有梦想，才能不断地进步和发展，进而支撑本框第一目"有梦就有希望"的教学。

同时，第二个设问"如果梦想不能实现，梦想还有意义吗？"在教学过程中，我们要避开线性思维，增强反向思维能力，即该设问不仅暗含梦想的意义，更在于强调实现梦想，让学生在明确少年编织梦想的重要意义、少年的梦想与个人与时代的关系后，重在强调"少年有梦，不应止于心动，更在于行动""不懈地追梦、圆梦才能改变生活，改变我们自己""努力，是梦想与现实之间的桥梁"。进而衔接第一目"有梦就有希望"的教学内容，又支撑第二目"努力就有改变"的教学内容。

可见，"运用你的经验"这一栏目以学生的已有经验为出发点，进而直指即将学习的深层次内容。因此，从学生已有经验出发，对教学内容的开展具有重要意义。

（2）丰富探究活动，注重学生在活动中的学习体验

探究是新课程倡导的学习理念和方式，是推进素质教育的重要体现。教科书为落实课程改革精神，在相关内容编写时，设置了"探究与分享"小栏目，为教师在教学实施过程中运用探究活动开展教学提供了指向。因此，教师要充分借助教科书中"探究与分享"小栏目的相关内容，强化探究活动设计，注重将相关探究内容活动化，注重学生在探究活动中的学习体验，促使学生在探究活动过程中建构知识、形成能力、提升情感。

如第三单元第六课第二框"师生交往"第一目"教学相长"中的"探究与分享"（第67页）为：

小奇喜欢文学创作，经常拿自己写的小说请语文老师指导，得到语文老师的肯定和表扬。一次，上数学课时，小奇偷偷在下面写小说，被数学老师发现。自己辛辛苦苦写了一个多星期的手稿被没收，还被狠狠地批评了一顿……

假如你是小奇，你会如何对待语文老师的表扬与数学老师的批评？

你能给小奇提出怎样的建议？

该"探究与分享"小栏目呈现了小奇创造文学得到语文老师的表扬和上数学课时写小说被数学老师批评的案例，该案例贴近学生的现实生活。同时，该案例也设置了学生面临的矛盾冲突：为什么文学创作得到语文老师的表

扬，却被数学老师批评呢？并设问"如何对待表扬与批评"以及"建议"。

在教学过程中，教师首先要引导学生思考"小奇进行文学创作得到语文老师肯定和表扬，为什么却被数学老师批评？"即学生需要明确同一件事情在不同场景中有不同的结果，这是回答案例中两个设问的前提。进而转向设问1"假如你是小奇，你会如何对待语文老师的表扬与数学老师的批评？"引出教学内容：学会正确对待老师的表扬和批评，是我们成长的重要内容；老师的表扬意味着肯定、鼓励和期待，激励我们更好地学习和发展；老师的批评意味着关心、提醒和劝诫，可以帮助学生反省自己，改进不足；同时，对待老师的批评，我们要把注意力放在老师批评的内容和用意上，理解老师的良苦用心。

在有"正确对待语文老师的表扬与数学老师的批评"意识的基础上，再落实到具体怎么做，进而转入设问2"你能给小奇提出怎样的建议？"很显然，这是一个开放性的问题，即在明确要正确对待表扬和批评后，小奇应该具体怎么做：对于语文老师的表扬，小奇要再接再厉，利用课余时间进行文学创作，继续在文学方面发展自己；对于数学老师的批评，小奇应该虚心接受数学老师的批评，向数学老师承认错误，积极与数学老师沟通；同时，小奇还要做到上课专心听讲，遵守课堂纪律，尊重老师的劳动。

在操作形式上，既可以是学生阅读完案例后，单独思考，也可以小组讨论交流，进而对观点进行分享。同时，需要注意的是教科书基本上在各框题中设置了数量众多的"探究与分享"小栏目，但在教学过程中不是每框题、每节课都需要有探究，要结合具体的教学内容、具体的材料与案例开展适合学生探究的活动。

（3）联系未来生活，将学习拓展延伸到更广阔的领域

教科书中的教学内容是学科知识的"精华版"，在教师以教科书为载体进行课堂教学的过程中，学生在课堂中的学习总是有限的；加之，学生在课堂中有限的学习往往是学习其他内容、知识的基础。因此，一框题教学内容的结束或一节课的结束，并不意味着学生对该学习内容的结束。学习与生活内容的无限性，必然要求教师立足学生学习的内容，联系未来生活，将学生的学习拓展延伸到更广阔的领域。

如第一单元第一课第一框"中学序曲"最后一个小栏目"拓展空间"(第8页)的内容：

请结合自己的实际情况，写下初中阶段自己想要完成的几件事。

与父母进行一次沟通，听听他们希望你在初中三年要完成的事情。

请思考：哪些事情必须现在做？哪些事情可以将来去做？哪些事情要一生去做？

该"拓展空间"小栏目以简短的三段文字作为"中学序曲"框题的结尾，但该"拓展空间"小栏目的内容丰富，信息量大。第一段要求学生在学习了"中学序曲"相关内容后，考虑初中阶段自己想要完成的几件事；第二段针对第一段学生想要完成的几件事情，要求学生与父母沟通，听听家人希望自己在初中三年要完成的事情；第三段要求学生结合第一段自己的想法和第二段他人的建议，思考当下需要做什么事情，哪些事情是初中三年需要完成的，哪些事情可以在初中毕业后做，哪些事情是自己一生都要做的。

因此，针对该"拓展空间"，在教学过程中可以设置"成长画卷"拓展环节，并制作"成长画卷"卡片让学生填写并珍藏。让学生不仅仅明确"中学序曲"框题教学中关于进入初中后应当做什么的相关内容，即围绕"千里之行，始于足下"对自己初中生活进行整体规划，这是对所学内容的回归，中学序曲自此奏响；同时，围绕该"小栏目"的内容，也能让学生进一步思考在成长过程中，未来的人生可以进行怎样的设计。这是在回归所学内容的基础上，对学习内容的拓展延伸，让学生明确有更广阔的领域（阶段）需要思考。

【教育事例剖析】

2017年秋季开始，全国的初中起始年级统一使用统编《道德与法治》教材。当前，统编《道德与法治》教科书的使用已全部铺开，加强对统编《道德与法治》教科书编写和课堂教学的研究，应是教育工作者担负的责任。教科书的内容需要研究者、使用者不断去深入挖掘，作为串联起教科书内容的"小栏目"亦需要。

各个"小栏目"作为呈现在教科书中的重要内容，在立足学生生活经验引出教学主题、结合学生学习要求力证教学观点、围绕学生发展目标指向未来生活等方面具有重要作用。透视"小栏目"的设置，分析"小栏目"的内容、价值及功能，是在教学中落实统编"道德与法治"教科书精神的重要行动。因此，在把握教科书中"小栏目"的设置的基础上，充分借助"小栏目"的设置情况，有助于提升课堂教学的育人价值。

在使用新教材过程中，必然会有一定的困惑，这需要不断地进行教材研究和教学实践。以"运用你的经验"小栏目为例，一线的教学实践中，在"运用你的经验"小栏目的使用过程中，我们发现存在三个主要问题，以期深入思考和改进完善。

问题1：不重视"运用你的经验"小栏目

通过对一线教师就使用教材小栏目调查发现，教师没有对教材"运用你的经验"小栏目引起足够的重视乃至深入研究，对其课程资源的运用不充分，甚至部分老师对部分小栏目弃而不用，更多是自己选取导入素材与设问。在教学与研究意识上缺乏对教材的深刻理解，从而不能更好地领悟教材栏目的编写意图和该栏目对于教学活动开展的重要性。

问题2：过分依赖"运用你的经验"小栏目

在使用"运用你的经验"内容时，教师全部使用、大部分使用也占很大比例。不结合自身地区、校情、班情、学情的分析就大量直接使用教材中"运用你的经验"相关内容，其实是教师没有考虑学生有无相关真正的经历、有无此类生活体验的表现。教师没有进行前置了解、观察和分析，必然会脱离学生生活实际，找不到共同生活话题，无法贴近学生最近发展区，无法引起学生情感共鸣。

问题3：未深度挖掘"运用你的经验"小栏目

每一框题中的小栏目，按照排列先后顺序而言，"运用你的经验"属于六个小栏目的第一个，放在起始位置，这也是每个课时的固定栏目。教师往往没有对不同年级、不同学期使用的教材栏目"运用你的经验"进行分析，而是根据"自身的经验"判断而采取单一、枯燥的教学策略，从而导致课堂冷清，学生厌倦，进而不喜欢道德与法治课及学科教师，使《道德与法治》无法真正实现学科育人价值。

以上的现实问题，值得我们一线教师思考。如何读懂每个小栏目背后的理念、如何有效使用每个小栏目的价值等都是初中道德与法治教师可以探索的。

教学重视心理健康教育

【写在前面的话】

当前,义务教育阶段思政课课程标准正在研制中,义务教育阶段思政课教材名为《道德与法治》,初中思政课教材对应的课程标准为《义务教育思想品德课程标准》(2011版)。就课程标准而言,"思想品德"课程有机融合道德、心理健康、法律、国情等方面的具体内容;从教材来看,《道德与法治》蕴含了丰富的心理健康内容,有以显性呈现的"认识自己""敬畏生命""情绪管理"等,有以隐性折射的"适应新环境""改善学习方法""应对失败和挫折"等。初中道德与法治课蕴含着较为丰富的心理健康内容,以初中道德与法治课开展心理健康教育具有重要优势。如何在道德与法治课中开展心理健康教育?如何以引导学生积极主动关注自身心理健康,培养学生自主自助维护自身心理健康的意识和能力?小杨最近因学习物理比较困难,物理考试成绩不理想,而陷入了"焦虑",在期末考试方面没了自信,他还推导出自己在班干部工作方面没创新……焦虑就像摇椅,就看是向前还是向后。我们应如何克服焦虑,做情绪的主人?

【教育事例呈现】

"袁老师,我是小杨的妈妈。这周周末小杨放学回家后,我发现小杨情绪特别低落,做作业也无精打采,时不时还自言自语地说自己什么都做不好。马上要期末考试了,我真担心他这样的状态会影响期末考试成绩,他对自己都丧失信心了。能否麻烦袁老师多关注下孩子的心理状态,谢谢您。"

周末下午返校时,我收到了这条家长"求助"信息。

1. 焦虑的小杨

刚看到这条信息时,我有些不太理解。小杨平日里成绩很不错,为何最近会有这样的情况出现呢?是因为快期末考试了还是遇到了其他事情呢?很多问题在我脑海里浮现,我觉得我应该找个机会与小杨谈一谈,问问他究竟是什么情况。

在我们班级中,每周学生都会与我通过"心灵本"进行沟通与交流,我特意先将小杨的"心灵本"拿来看看。果不其然,他在"心灵本"中呈现了如下的自我认定:

"袁老师,最近的我状态很不好。不知道为什么,最近我觉得自己物理越来越学不懂了,考试成绩总是在 80 分(120 分满分)左右,和前面同学相比我太差了。同时,我还发现,我在班干部工作方面也不如其他同学,没有他们主动,没有创新。期末考试还有几周就快到了,我越来越没自信了……"

看到小杨在"心灵本"上对自己内心情感的真实表达与小杨妈妈反映小杨周末在家的情况具有一致性,我稍微松了一口气。这代表他内心是愿意与我沟通的,而且很真实表达了内心的困惑。从他的话语中,我对他进行了"心理诊断"。这是典型考试过度焦虑的"症状",表现为负面情绪、消极暗示的焦虑,带有不合理的情绪推理,需要及时给他做心理疏导。

于是,我及时对他的"心灵本"进行了批阅。上面写着:"下了晚自习,我有事请教你,我在办公室等你。"

2. 分析他人情况

晚自习下课后,小杨来到办公室。我担心他有"戒备"心理,于是我像往常一样和他说些聊些看似无用的话题,营造双方可继续深入沟通的谈话氛围。

我说:"最近啊,我二姑家的孩子遇到了一个问题,想请你帮我们分析一下,看看你有什么好的办法。"他一听我请他帮忙分析、帮忙想办法,顿时有了新鲜感。

"这个孩子今年高考成绩很优秀,考上了重点大学。拿到录取通知书时他踌躇满志,觉得自己在大学应该要好好充实,毕业后也会找到很好的工作,为家人争光,为国家出力。可是,他入学后不久竞争班长失败了,最近参加系上的一个比赛又失败了,他认为自己以后做什么都会失败,觉得自己比别人差,甚至以后可能都不会有好工作。他最近很烦躁,做什么事情都觉得很不顺。"

当我讲完这个二姑家孩子的故事后,小杨想了一想,说道:"其实这个哥哥有些情绪化,遇到开心、顺利的事情时就很高兴,遇到不顺心、麻烦的事情时就无止境地怀疑自己的能力,幻想自己的不好人生。这是错误的,会影响他对事物的正确认识,会对他产生负面影响。"

我点了点头,给小杨竖起了大拇指。"你分析得很正确。是的,其实这个哥哥的行为是一种对未来焦虑的体现;如果他能利用好他所面对的局势,他的焦虑是可以激励他奋进的;但如果利用不好所面对的局势,他的焦虑可能导致他走偏路。他目前这种心理感受和行为方式,是一种情绪推理状况。换句话说就是他把一些不顺心的情绪当作了结论的依据,以不太理性的思维方式来认识变化着的情绪,容易以偏概全、片面看待问题,更容易触发极端心态,导致自己越走越远。"我补充道。

3. 会迁移的小杨

"我觉得我好像也有点这样呢?物理老师最近讲的内容比较难,我学起来有些困难,分数不太理想。这种焦虑把我带入了自我否定的死胡同,让我各个方面都受到了影响。我不但没有把宝贵的时间用在分析原因、向老师请教上,还不断将这种焦虑扩大到生活上和能力上。我懂了,袁老师。谢谢您。"小杨开心地说着。

其实,学生的考前焦虑一部分来源于错误的情绪性推理导致。作为老师,我们可以给学生创设另一种"情绪推理"的情境,让处于这种考前焦虑的同学明白错误的情绪性推理对自己的伤害是很大的,引导他们形成正确的认知,真正明白自己为何焦虑,才能从根本上解决问题。

【教育事例剖析】

《中小学心理健康教育指导纲要（2012年修订）》指出："中小学心理健康教育，是提高中小学生心理素质、促进其身心健康和谐发展的教育，是进一步加强和改进中小学德育工作、全面推进素质教育的重要组成部分。中小学生正处在身心发展的重要时期，随着生理、心理的发育和发展、社会阅历的扩展及思维方式的变化，特别是面对社会竞争的压力，他们在学习、生活、自我意识、情绪调适、人际交往和升学就业等方面，会遇到各种各样的心理困扰或问题。因此，在中小学开展心理健康教育，是学生身心健康成长的需要，是全面推进素质教育的必然要求。"

《义务教育思想品德课程标准》（2011版）指出，本课程以初中生逐步扩展的生活为基础，以学生成长过程中需要处理的关系线索，有机整合道德、心理健康、法律、国情等的内容，进行科学设计。

学校教育作为教育的主形式和主阵地，在深化和拓展学生心理健康教育、促进学生身心健康发展方面具有不可替代的重要地位。为适应和满足初中学生成长需要，初中道德与法治课融合了心理健康这一重要元素，设置了较为丰富的心理健康内容。以初中道德与法治课为载体，在初中道德与法治课教学中充分借助教材内容、把握学生身心发展特点开展心理健康教育，既是落实初中道德与法治课教育目标、增强学校德育工作的针对性和实效性的要求，也是促进学生心理健康发展、健全心理品格的重要途径。

就现实情况而言，初中道德与法治教师面对的是正处于世界观、人生观、价值观形成的关键时期的初中生，初中生生理、心理发育不成熟，容易在很多方面认识不足、判断不清、行为不当。比如，我们在本书中谈到的学生自残现象、情绪焦虑问题、集体相处问题、与他人相处问题等，都涉及心理健康等方面的内容。

作为思政课教师，我们可以在学生心理健康教育方面做些什么呢？

1. 明晰课程性质，落实心理健康教育地位

当前，初中道德与法治课旨在让学生通过处理成长过程中的"三大关系"，进一步发展道德品质、健康心理、法律意识和公民意识，形成乐观向

上的生活态度，逐步树立正确的世界观、人生观、价值观。可见，心理健康教育是初中道德与法治课的重要组成部分。同时，《中小学德育工作指南》也指出心理健康教育是德育内容之一，要充分发挥道德与法治、思想政治课课堂教学的主渠道作用，严格落实德育课程、落实课时。

初中道德与法治课，不仅仅是道德教育、法治教育，而且重在进行良好品德教育、健康人格教育、法治意识教育、公民意识教育，因此不能片面化初中道德与法治课，要从国家意志、课程全局上来理解初中道德与法治课的作用和价值。从一定程度上说，拥有健全人格、积极心态和良好个性心理品质是学生健康成长的重要表现，也才能更好地形成良好品德、参与公共生活、做负责任的公民，提升社会责任感。因此，既要落实道德教育、法律教育、公民意识教育，也要落实学生心理健康教育。

2. 深挖教学内容，彰显心理健康教育目标

初中道德与法治课在内容上有机整合了道德、心理健康、法律、国情等方面内容，包含着丰富的心理健康教育内容。在教材中，既有以显性形式呈现的专题类心理健康教育内容，又有以隐性形式融合的心理健康教育内容，如《道德与法治》（七年级上册）包括"发现自己""师生交往"等显性专题类心理健康教育内容，也包括"交友""师生交往"中的心理健康教育内容。因此，要结合教材内容，遵循学生心理发展规律、深挖心理健康教育内容，落实心理健康教育要求，彰显心理健康教育目标。

如《道德与法治》（七年级上册）第三单元第七课中的"爱在家人间"不仅包含有与父母（家人）交往中的道德问题，也包含有青春期自我意识的心理变化和对父母（家人）的心理情感问题。而青春期自我意识的心理变化和对父母（家人）的心理情感，恰是开展"爱在家人间"主题与核心"爱"的前提和关键，因此，充分理解和挖掘"爱在家人间"中的心理健康教育内容，彰显心理健康教育目标，是有效开展教学活动、落实教学目标的必然要求。

3. 把握身心规律，提升心理健康教育效能

以学生发展为本，从学生身心发展状况出发，遵循学生身心发展规律，

引导学生积极主动地关注自身心理健康发展，对于提升心理健康教育效能的作用不言而喻。《道德与法治》（七年级上册）指出："中学时代见证着一个人从少年到青年的生命进阶。随着身心的不断发展……随着自我意识的逐步觉醒……随着思维水平和理解能力的不断提高……随着生活体验的日渐丰富……这将为我们的人生长卷打上更加丰富而厚实的底色。"这不仅说明了中学时代这一阶段对于学生发展的重要性，也在一定程度上揭示了学生进入中学后身心发展状况与发展规律。因此，教师要充分把握学生身心规律，注重提升心理健康教育效能。

教师要把握好学生在此阶段的心理发展规律、心理发展所体现出的重要特点，如心理发展的顺序性、阶段性、不平衡性、差异性，半幼稚半成熟状态，独立性和依赖性、自觉性和冲动性的矛盾等，以及表现在生活中的注意力集中程度对学习效率的影响、思维发展的独立性和批判性所带有的片面性和表面性对事物认知的影响等。在把握学生身心发展规律的基础上，开展心理健康教育，有效提升心理健康教育效能。

4. 创新教学活动，丰富心理健康教育内涵

有效而多样化的教学形式对于心理健康教育活动的开展大有裨益。而在具体的心理健康教育内容教学活动中，由于缺乏专业的心理健康教育知识和能力，教师在教学活动形式的采用上显得捉襟见肘，学生在学习心理健康教育内容时也显得漫不经心。因此，创新心理健康教育教学活动形式，丰富心理健康教育内涵是在初中道德与法治课中有效实现心理健康教育的要求。

在遵循学生发展、保护学生心理的前提下，在教学活动中，除常规的案例分析、情境体验外，教师还可以结合实际情况，有目的、有选择性地开展心灵对话、角色扮演、心理情景剧、心灵笔记、心理小读本、心理故事会、心理小调查等教学活动形式。通过教学活动的创新，引导学生心理、人格积极健康发展，进而丰富心理健康教育内涵。

在此案例中，小杨因第一件事情未做好，产生负面情绪，进而把接二连三出现的不好结果归纳概括，出现了情绪性焦虑，即"一种问题导致焦虑，再遇到其他问题时将这种焦虑带入其中，不断否定自我，产生紧张、

放弃的思想与心理"。究其根源，就是出现情绪问题时没有及时做好疏导和管理，导致一步一步情绪焦虑。"能控制好自己情绪的人，比能拿下一座城池的将军更伟大"，管理好情绪是很重要的。袁老师通过心理学、教育学的分析，及时发现了小杨问题所在，给学生创设一个"情绪推理"的情境，并与之分析、交流，帮助小杨从中正确认识问题所在，有效解决了小杨的困扰。

我们每个人都会因各种因素产生情绪，或积极情绪或消极情绪，每个人或因学习、工作等因素都会产生焦虑。一般而言，焦虑在大家眼里带有贬义色彩，因为焦虑会产生一些负面情绪；同时，焦虑若没有得到及时有效排解，必然会影响到我们的正常生活与学习。

"要克服生活的焦虑和沮丧，得先学会做情绪的主人。"给予学生正确、科学的引导至关重要。思政课教师可以结合《道德与法治》（七年级下册）第二单元"做情绪情感的主人"第四课"揭开情绪的面纱"开展"情绪"相关的话题。

在"青春的情绪"一课时中，教师可以结合学生在不同场景中的不同情绪，引导学生认识到情绪的基本类型、情绪的产生、青春期情绪的特点，帮助学生认识到积极情绪与消极情绪会给我们带来不同的感受与影响。在"情绪的管理"一课时中，可以结合该案例情景，与学生共同分析情绪的表达需要恰当的方式，并采取有效的方法调节情绪，这样也才不会让自我的负面、消极情绪通过表情、语言、行为声调等影响他人。有人曾说："真正的管理人是去管理人的情绪。"其实，我们思政课教师可以多思考一个问题：我们在课堂上更多地给学生分析的是管理负面情绪、消极情绪，那么，学生的积极情绪是否也需要管理呢？情绪也需有度，不管是积极的还是负面的、消极的，都要做好管理。这样，才能更有利于我们的身心健康、人际关系和正常学习与生活。

同时，在心理健康教育方面，还应注意以下内容：

其一，不可"重智育轻德育"。心理健康方面的内容主要分布在初一和初二的教材之中，在一线实际教学活动中，有些学校的道德与法治课在初一上下学期、初二上期课时较少。在学生面临考试时，教师就让学生单纯背背知识要点，根本没有真正关注学生的思想、心理、情感变化，没有充分发挥思政课的育人作用。

其二，不可"重课堂交流轻课后关注"。在课堂中，思政课教师可通过教学情景、互动探究、游戏、心理测验等各种方式开展教学，然而，课堂上时间有限，教师难以全方位、多角度地和每个学生进行交流，难以发现学生的问题。在一线中常见的现象是，课堂很活跃、发言很积极、活动很精彩，但课后就冷冷清清。比如，在心理测试中，老师课后可以多分析学生测试的背后影响因素，发现不同学生的问题，多些关注和观察，课后利用多种方式与学生沟通、交流，打开学生心扉。这样，抓住每个教育契机，关注每个学生心理健康，成为学生成长的阳光。

其三，不可"重处理轻隐私"。在学生出现不同程度的心理健康问题时，我们不可放大或做消极暗示，更不能为了解决问题而忽视学生的隐私。比如，面对学生心理问题时，谈话交流应该选择在比较宽松的环境进行，不要在其他老师、其他学生面前随便提起学生的心理问题；学生若看心理医生需请假，教师可以多主动与班主任沟通，不可以各种语言来责备学生不上课；等等。所以，教育是一件细活，多些耐心、细心和爱心，要培养学生积极乐观、健康向上的心理品质，促进学生身心和谐可持续发展，为他们健康成长和幸福生活奠定基础。

教学坚持以生为本

【写在前面的话】

　　教育，是一件复杂的工程。在我们每位教师的职业生涯中，或多或少会遇到一些困难或者疑惑。特别是当我们工作认真、勤奋、兢兢业业时，我们自认为我们的工作是做好了，但这仅仅是"我以为"。年轻教师在面对新的一个班级时，会面临教育和教学双重压力，但在实际教育教学活动中，一些年轻教师更多"重知识轻管理""重分数轻交流""重制度轻执行"，过多注重知识传授，在与学生的沟通、交流以及情感建立上不够重视，自然学生就不能更好地理解教师的付出。年轻教师王老师就是其中一位。他很困惑为什么自己对学生好，而学生却反感自己。他有着什么样的故事？他的故事给了我们什么启示？

【教育事例呈现】

　　近年来，由于工作原因，我经常去其他学校听课，一方面是了解其他学校教育教学情况，另一方面也是为了更好地提升自己。今天我又来到了 A 校参加今天下午的专题教学研讨活动；同时，发小王老师刚来这所学校不久，我听完课后还可以和他聚一下。

　　不出所料，下午第一节课下课后，我就收到了王老师的信息。只是相比于以往，今天他发过来的信息里面多了一句话："我有事情跟你说。"

　　收到短信后，我心想，这小子有啥好事跟我说。果不其然，当天他跟我说的事，确实不是什么好事。听了他的诉说，我明白了……

1. 让人"反感"的王老师

王老师，我侄儿辈的发小。他比我晚三年毕业，毕业后也来到了我所在的城市。他教初中化学，在我的印象中，他是一个有激情、有干劲和有追求的教师。今年是他工作的第二年，他开始带第二届学生。这一届他担任两个不同学习层次班的教学工作，一个是普通班（该班学生普遍成绩薄弱但学习欲望很强）、一个是科艺班（该班学生学习成绩突出且具有艺术特长）。在教学初期，两个班级总体还比较正常，但一段时间过后就出现了问题。

有一天，科艺班的班主任向普通班的班主任了解普通班学生对王老师的印象或者态度。普通班的班主任认为："王老师上课非常认真，非常敬业，我们班的学生也很喜欢他。"而科艺班的班主任却说道："最近我们班学生给我反馈说，他们不喜欢上化学课，对王老师意见很大。我作为班主任，得想想办法才是。"

王老师当时不知道科艺班学生为何会反感他，普通班班主任对科艺班学生"反感"认真负责的王老师也很不解。科艺班的班主任说，他要从侧面了解下学生出现以上问题的原因，在了解情况后尽快和王老师做好沟通，以免学生更"反感"王老师，出现不可调和的"矛盾"。

一两周后，科艺班的班主任和普通班的班主任交流了科艺班同学"反感"王老师的原因。"学生普遍反映，王老师上课重点不突出，课后作业做起来有些困难，考试成绩也不理想。于是，大家对王老师的教学能力产生了质疑，就不想听课。我也主动和王老师沟通了，还去听了王老师的课，给他建议多从基础抓起，我也积极配合、协助他听写化学方程式。"科艺班班主任无奈地说道。

普通班的班主任建议道："作为班主任，你很支持王老师的工作，但你不能替代王老师，这样不能解决实质性问题。你可以建议王老师根据科艺班学生情况，调整教学内容、调整教学方法或策略，这样才能从根本上解决教学问题。"

后面，科艺班班主任还是陆陆续续收到了班级学生对王老师的看法、投诉：

学生感觉王老师在很多事情上不太尊重他们。比如，一位学生说在化学实验课上，由于第一次接触到化学实验器材，加上平时有些顽皮，于是一直在玩烧杯。王老师就很气愤批评了他，这让他在其他同学面前很没面子。

另外，学生还比较反感王老师每次要求他们下午两点十分到教室（该校是寄宿制学校，学生下午两点起床），提前上课给学生弥补不懂的知识。

虽然科艺班班主任也知道王老师的好意，但学生可能没有更好理解他的这份心意。于是学生内心对王老师就充满了敌对情绪，加上个别同学可能因为其他方面的事情，也对王老师心怀不满。

2. 被"调换"的王老师

普通班班主任得知王老师继续被"反感""投诉"后，决定找个合适的机会与其沟通；同时，科艺班班主任也说要在班级中做好学生疏导工作，让孩子们理解王老师的做法。

普通班班主任还没来得及和王老师沟通，科艺班班主任也还没有做好学生疏导工作时，学校就开始了月考。月考结束后，王老师们为了解孩子们的学习情况，及时地批阅了试卷，学生成绩也就很快出来了。学生拿到成绩后，科艺班的同学就显得更加"暴躁"了，他们把化学考试成绩不佳的责任推到了王老师身上，学生再次给自己的家长反映王老师的教学存在问题。于是，家长找到学校，迫于无奈，学校换了化学老师。

3. 尽职尽责的王老师

王老师难受地谈到，他为了这个班级付出了很多努力，给他们复印资料、义务补习，甚至想尽办法奖励他们，但没想到会是这样的结果。

我细细地听着王老师的倾诉。后面，在不断的交流过程中，我似乎知道了王老师需要改进和完善的地方了。

4. 王老师的"问题"

作为老师，我们爱我们的学生，我们会想尽各种办法帮助学生，但我们真的需要提高自己的教学能力，走进学生的内心世界，多关注学生的思想变化，多与他们真诚地沟通，才能彼此建立温馨、和谐的师生关系。

问题一：未建立良好的师生情感

建立良好的师生情感是师生彼此信任和有序互动的前提，没有良好的师生情感，即使老师付出再多的努力效果也会不佳。

王老师刚毕业一年，由于教学压力大、作业量多，于是无形中将注意力和精力更多用在了上课、批改作业等教学工作方面，而忽视了与学生的交流与沟通，没能了解学生和走进学生内心。当师生情感一直未建立时，师生的心灵之间是有距离的，可能因为某一件事情导致学生内心不了解老师善意，彼此的隔阂就开始产生。

王老师说话直率，有时还喜欢开玩笑，但学生却不以为然，认为王老师在班级中发试卷时念成绩是对自己的侮辱，认为王老师有时开玩笑说的话是一种不尊敬。换句话说，王老师认为自己所说的话和行为方式都是关爱学生和亲近学生的，但学生却不理解和认可。

这给我们所有老师一个提醒，开始教新的学生时，要多和学生谈心，主动关心学生，可以和学生交流自己的教学风格、性格等，不可仅仅停留在繁忙的教学、作业批改和考试工作之中，要让学生慢慢了解自己，理解老师的善意，把老师的一些做法理解为激励或者期待，这样师生之间建立了一定的情感后，也就有了教育的基础。

问题二：没有站在学生角度思考

还记得一个故事，大概是这样的：一个和尚和一个屠夫是好朋友，两人每天早上各要忙自己的事情，和尚早上要起来念经，而屠夫早上要起来杀猪；为了彼此都能互相提醒对方，于是二人商量早上互相叫对方起床。然而，多年以后，他们相继去世，屠夫上了天堂，而和尚却下地狱了。当我们在看这个故事时，我们会发现一个问题，原来和尚在一定程度上成为屠夫杀生的助手。因此，你做的事情或许都是你认为是对的，但却不一定是对的。

王老师看到学生考试成绩不佳，要求学生提前来到教室，当然这种做法是为了抓紧一切时间帮助学生弥补过往知识，同时也牺牲了他自己的休息时间，但这在一定程度上也占用了学生的课余时间。王老师没有细致了解宿舍规定、来往路程需要的时间以及学生本人是否当天会参加打扫卫生这些因素。王老师看到学生迟到，不可避免会有些生气，加上自己这么为学生着想而学生还不珍惜，可能批评了学生，但学生内心也充满委屈，抵触情绪也就慢慢地爆发了。

比如，王老师所在的学校为了保证学生的午休，规定下午两点起床，如果学生不打扫卫生起床后就可以离开寝室，如果学生要打扫卫生，则还需要花上几分钟时间，并且学生要经过生活老师检查合格后才可离开寝室。而学生即使不打扫卫生起床后马上离开到教室都需要10分钟左右，因为那时候正是学生到教室的高峰期，路上可能会比较拥堵，时间也就耽搁了。所以我们在为他人好的同时，也要站在他人角度思考，明白自己所提出的要求可行性有多大，为学生多考虑一些，那么学生自然也就更加理解和珍惜了。

问题三：未做到分层教学

王老师上一届带两个普通班，学生层次相同，于是采取的更多是适合普通班学生的教学方法。然而，这一届却是两种不同类别、不同层次的班级，但他采取的教学内容和教学方法却基本一样。于是，王老师在普通班花的时间要多一些，因为他认为科艺班的学生基础比较好，不需要老师多花更多的时间和精力。但王老师却不知，作为初三新增加的一门学科，就学科知识而言，对于刚入初三的学生来说都是陌生的，同时，学生经过初一初二两年的学习，已经发生了不同的变化，即使科艺班总体是优秀的学生，但也存在一些已经落后的学生，这样就造成基础薄弱的学生听不懂，成绩优异的学生"吃不饱"的现象，也就出现了以上学生反映的重难点不突出、教学质量不好的情况。

其实，王老师应该要分析不同班级学生的特点、学生的过往成绩，更要明白学生对于化学这门课程都是从零基础开始学习的，在备课和教学上，要照顾不同层次的学生群体，做到分层教学，让他们感受到老师的教学魅力和教学功底，从而从教学上征服学生，学生也就更加"亲其师，信其道"。

【教育事例剖析】

爱因斯坦曾说："使学生对教师尊敬的惟一源泉在于教师的德和才。"

也就是说教师的师德修养和专业才能是获得学生芳心的关键。不管是高校还是中小学，我们可能没有真正认识和理解"教育"二字。常常出现的问题是"重教知识轻育人""重育人轻方式"。这些问题导致师生情感缺失、心灵沟通受阻和师生误会乃至矛盾的产生等。

或许，王老师的境遇也是多数年轻教师的境遇，我们也经历过，只是程度不同而已。每一位年轻教师，往往以自身之经验谋求发展之道理，而在教育教学中忽视学生的感受。或许从王老师身上我们可以寻求一些改变，以期能够少走弯路，真正走进学生内心。

多一些师生相处和了解。师生之间情感的建立需要彼此多一些相处，在相处过程中进一步认识彼此，包括性格、语言表达、行为表达、情感等，而避免因不熟悉产生误解，造成沟通的阻碍。师生间不能随意表达、随意开玩笑，避免误会和矛盾的产生；同时，融洽的师生关系，需要一定的时间积累，没有一定时间的相处是不能真正了解一个人的。在王老师的遭遇中我们能发现，一方面王老师与学生时间相处较短，了解不深，缺乏师生情感基础，另一方面王老师语言随意，学生认为伤害自尊，内心较为抵触和反感。

多一些教学思考与研究。教师承担着教书育人的责任，不仅教书，也要育人，二者需要兼备。教学是一个老师的"立业之基"，没有良好的教学水平是无法获得学生、家长和学校的认可的。王老师的关键问题是基于经验，忽视班情、学情的变化，没有做到分层教学，导致基础较好的班级学生在一定程度上否定王老师的教学水平。所以，教学也是一件注重细节的事情，需要教师做好分析、统筹，进而有针对性地采取不同的教学方法开展教学，让不同的学生有所思、有所获、有所得。

教学需要灵活多变

【写在前面的话】

著名教育家叶圣陶先生曾说：教学有法，教无定法，贵在得法。其实就是说教学不是一成不变，而要灵活多变。这种变化不仅表现在一堂课之中，更表现在教师的教学理念和能力上。作为新时代的教师，更应遵循教育教学规律，打破固定的教学方法，灵活选取适合自己校情、班情、学情的方法，才能真正做到因材施教、分层教学，真正对每个学生负责。

【教育事例呈现】

A校是一所刚成立不久的学校，老师来自"五湖四海"。该校以学生发展为本，努力为每个学生提供适合的教育，推行走班制教学，倡导"开放式"办学。今天我确实见到了这所学校的不同之处了。

1. 教学见习

几周前，我们来拜访这所学校的领导，表达了我们要带思想政治教育专业的学生来他们学校开展 1 周的教学见习活动的愿望，校领导很坦然地说："我们是开放式办学，随时欢迎你们的到来；把你们来我们学校的具体任务以及想做的事情告知我，我来处理或者让具体负责的老师进行安排。"

果然，当我们把需求告诉给 A 校后，A 校很快进行了安排，给出了一份具体的关于我们学生到校见习的安排表，基本上精确到每个环节。让我印象深刻的是学生除了听本学科的课程教学之外，安排表上还额外增加了学生听其他课的自由活动时间。

今天，我带学生来 A 校开展见习活动。按照今天的安排，学生 1~3 节课分组、交叉去听本学科老师讲课，第 4 节课自行观课。

这么多年，我带学生见习、实习，也听了很多思政课。既然，今天有专门的自行观课环节，我想听听其他学科，看能否得到一些来自不同学科的启发。于是，我走进了一间正在上语文课的教室。

2. 多写一两点

语文课上，老师正讲到"一尘不染"。张老师在黑板上写下了这个成语，而还没有等张老师写完，有学生发言了。

"张老师，你这个染字在'九'字上多写了一点，不干净。"

张老师还没来得及给这位同学反馈具体情况，其他同学也在说："对对对，老师你看，你的染字确实多了一点。"

此时，我想张老师写错字了，笔误很正常嘛，改过来就是了，因为我也遇到过类似的问题。同时，我在想这些孩子还真是"不怕事"，有人在听课，还不给老师面子，直接说出老师的问题，真是有勇气。

此刻，我也在想张老师该如何解释呢？会与我们的常规解释"不好意思，多写了一点"之类的话语雷同吗？然而，张老师的解释出乎我的意料。

"多写了一点？哪里多写了一点？"张老师问道。

"这里，这里……就是右上边'九'字那里多写了一点。"同学们异口同声地说道。

"哦，原来大家说的是这里。既然老师多写了一点，我们继续多写两点，好不好？"学生一脸诧异，我也一脸诧异。

"老师，不行，书上不是这样写的，多一点不行，多两点更不行。"

"老师，你要纠正你的错误。"

"老师，多两点更不好看了。"

……

我不知道，张老师为什么不及时"改正"，还抛出这个问题，我心想这张老师想法还真不一样，还敢继续说多写两点，错了还继续犯错，典型的"不要命"，这不是把自己置于更尴尬的境地吗？难道是"将错就错"？如果是我，至少我还没有准备好采取如此的措施。我也一直期待着张老师能扭转这个"难堪"的局面。

3. 一尘不染

"同学们，我们知道了'染'的意思，'染'有'感受疾病或沾上坏习惯或接触到什么'的意思，若'染'上不多一点或两点，怎么体现出沾上坏习惯或接触到了什么呢？"

"老师，不能这样，'染'本身就是'感受疾病或沾上坏习惯或接触到什么'的意思，并不是说要多写一点或两点，才代表沾上了东西，不多写一点或两点，就不代表没有沾上东西。我们不能画蛇添足。"

"同学们，观察得很仔细，也对'染'字很了解……"张老师再次与学生共同"复习"了'染'的意思。

"一尘不染，指丝毫不受坏习惯、坏风气的影响，也用来形容清洁、干净。要想干净，要一尘不染，这个染字上也不能有杂物，不能多一点，更不能多两点，我们应该怎么做呢？"

"我们应该把那一点取掉，不多不少。"

"是的，我们把这一点取掉，这样才是真正的一尘不染。"

……

听了张老师的解释，同学们似乎有了更多的思考。

我听完后也在思考。尽管我是思想政治教育专业相关学科背景，而张老师有语文学科相关背景，我们彼此在学科知识上存在差异，但我在此次的教育教学中也确实学到了更深层次的东西。

【教育事例剖析】

列夫·托尔斯泰曾说：勇气是智慧和一定程度教养的必然结果。提起勇气，一所学校要走在前面必须要有改革的勇气；一个老师要适应时代教育发展需要不断创新和接受挑战的勇气。美国著名作家帕克·帕尔默在他的著作《教学勇气——漫步教师心灵》中，提出教学要有勇气，而勇气在于教师要保持开放的心灵。在这次带学生参观学校和听课活动中，我有很多感受和启发。

1. 这所学校秉持开放的理念，如何体现"开放"？

或许是因为开放式办学的原因，教室的门随时是打开的，校内的领导、同事随时可以进教师观课，校外的访问团在具体考查 A 校课堂教学的时候，也不由教务主任或其他领导带领，校外的访问团直接去教室就行了，想听哪个课就听哪个课，想听谁的就听谁的，这或许给老师们提出了更高的要求，平日要真正备好课、平日要上好每节课，这样促使老师不断地接受挑战。

2. 学生的勇气从哪儿来？如何培养学生的质疑勇气？

在这节课中，我们看到了学生状态的真实呈现。或许是因为学生太顽皮，抑或是不怕事，抑或是有追求真理的勇气。但无论从哪个角度来说，学生敢于发现问题并说出问题，这是学生质疑精神的体现，也是主动学习的表现。当然，不管学生说的是否正确，老师对学生敢于提出问题的精神应给予肯定，抓住教育契机，与学生共同探究，让学生更能深入学习。教育到底培养什么样的人？我想，首先是有思考力和质疑精神的人，而不是一个被动接受、盲目相信权威的人。

3. 教师的教学勇气如何与教学智慧相融合？

很遗憾课后没和张老师面对面交流。然而，有个问题也一直萦绕在我心间：张老师这个情况是故意而为之还是真实的错误？但无论从哪个角度讲，张老师的教学方法和态度值得我们学习。第一个是张老师的教学勇气，敢于直面错误，敢于结合错误进一步开展教学，采用机智的教学方法学习教学内容，加深学生的学习印象；第二个是张老师的变化，我们或许会单纯地说"不好意思，老师没有注意到"，但我们看到张老师灵机一动，非常智慧地处理，并没看到任何对教学的束缚。

其实，作为思政课教师也一样，我们更应该培养学生的科学精神，敢于质疑、敢于批判，做出合理的判断和选择。比如，之前我在做培训中举到一个例子，就是在如何培养高尚情感一课中，我多年前听某地一个老师的公开课，该老师举出大学生看到小学生落水，不顾生命危险及时跳下救小学生，后来小学生获救而大学生溺亡的例子。老师问学生问题："这是一种什么行为？""见义勇为！"学生说。"那如果以后你遇到这样的情况，你会怎么做？"老师紧接着追问。"像这个哥哥一样跳下去救人！"有几个孩子说道。老师还没等其他学生发表意见，马上就急忙点评，"对！大家说得太对了。因为这是见义勇为，这种精神我们要学习。"然而，老师为了想要得到自己的"标准答案"急于求成，未给学生讨论的时间和辩论的时间，这样的做法是否真得科学？其实，我们不仅仅要引导学生向上向善，也要教学生学会在帮助他人的时候珍爱自己的生命，也就是"见义智为"。

教学需要改变，我们可以多些勇气、多些探索和多些思考。

教学改变"不可能"……

【写在前面的话】

人人有梦。每一位老师也是有梦想的,恰如每一位学生有梦想一样。说起梦想,读书阶段我们或想考取更高一级、更好的学校。在追梦的过程中,经历挫折,如何不断鼓励自己、勇往直前?下面这位教师也曾是一名学生,也曾有被同学当众嘲讽的经历。如果是你,你会怎么面对同学的嘲讽?其实,唯有行动,才是最好的回应。

【教育事例呈现】

我出生在农村,父母是地地道道的农民,父母文化水平不高,父亲常年在外打工,而母亲则在家务农。由于父母平日里都比较忙,我小时候学习就不太好,上了初中,成绩更是一落千丈。

1. 普通的孩子

初一时,学校根据每位学生的学习基础进行了分班,开展分班教学,而我被分到了普通班。

班里大概有50人,初一上学期期末考试我排在40名左右。当我把成绩单拿回家时,父母没有严厉训斥我,只是说了一句话:"以后的路你自己走,你能读多久我们就尽力供你到多久。"

那时,我心里是明白这句话的内涵的——"读书才可能改变我的人生,甚至是我的家庭。"

于是,我打算初一下学期开始努力,但还是比较贪玩,成绩没有什么改变。当我把成绩单拿到正在种地的母亲面前时，我能看到她哭了。

"如果你继续这样，高中肯定上不了，将来怎么办？我和你爸爸希望你将来能够出人头地。"母亲难过地说道。

听到这些话，我的心很疼，因为从小从未看见母亲这样。

2. 努力的孩子

于是，初二开学开始，我便开始努力，就像变了一个人似的。不再打闹、踢球，不再上课说话，不再做小动作，不再乱写作业，不再不背课文……我打算在初中仅剩的两年里成为一个"孤独者"，做到"三点一线"，努力弥补之前的知识缺漏。

老师都很惊叹我的改变，时常在其他同学面前表扬我。没想到，初二上期期末考试我冲到了班级第十五名，高兴的同时，我知道这样的成绩考高中还是很不保险的。

3. 被"嘲讽"的孩子

初二下期开学不久，在一次课间休息时，我和很多同学在教室里聊天，突然 W 同学来到我们中间。"小伙子，你不错嘛。从四十多名冲到了十多名，但是我觉得你是没法超过我的。如果你都能考上高中，我手心煎鱼给你吃。"W 同学阴阳怪气地说道。

当着这么多同学他说这样的话语，我非常愤怒，也非常难过。我心里很想和他打一架，但想着会被老师批评、学校处分或请家长，我没有这样做。我心里知道，我确实不如他，他现在是班级前十名，考高中是没有问题的，而我不一样。此时，我真想钻进一个洞，迅速离开这样的场合。

很快，上课铃响了，大家都及时地回到座位上。那一节课，我没有认真听，我的眼睛含着泪水，心里一直在哭泣。

放学后，我回到家里，一个人在屋里大哭了一场。

我没有告诉家长，也没有告诉老师，我告诉自己，没必要和 W 同学发生矛盾和争执，不能被这些话语打败，我不断地给自己加油、打气——"你一定可以的，相信你自己。现在的你不够强大，你坚持住了，考上了高中就是最好的回应。"

4. 进步的孩子

第二天，我继续努力、踏实地学习，当什么事情都没有发生过一样。一次一次，我的名次在不断往前，到了初三上学期期末，我排到了第十名。尽管我再怎么努力，我也始终保持在这个位置，因为前面的同学确实很优秀。

为了能弥补自己的体育分数，在中午、下午放学后，我一个人在操场计时跑步，一遍一遍训练跳远等，在中考中由原来的十九分上升到二十四分（满分三十分），我知道这五分来之不易，更知道它对我的重要性。

后期复习是最重要的，尽管偶尔W同学还是会开玩笑地"嘲讽"我，但我总是一笑而过。我心想："等着瞧，看看谁笑到最后。"

中考成绩出来的当天，我有些紧张。那时网络不发达，只有问班主任才知道结果。等到中午，班主任都没联系我，我心想，可能失败了吧。母亲说："你主动给苏老师打个电话吧。"

于是，我怀着忐忑之心拨通了苏老师电话，电话那头传来苏老师的声音。"我正要打给你呢，今天我一个一个地在通知大家，中途又在处理学校的一些事情，所以耽搁了……"

5. 被"眷顾"的孩子

没等苏老师说完，我立即问了一句："苏老师，我考上高中了吗？"苏老师激动地说："考上了，考上了。祝贺你啊！"

"啊！"我大叫起来。"谢谢苏老师，谢谢苏老师。"我真诚地表达了我的谢意。

听到这个喜讯后，我们一家子开心极了。

后来我知道，我的成绩比录取线多了两分。而成绩一直处于前列的W同学却发挥失常没考上高中，重新复读了一年。上了高中我虽然也被分到了普通班，但我继续坚持我的梦想，后来考上了大学，而W同学高考没考好又复读了一年。

这件事情过了多年，我心里才释然。W同学的嘲笑、羞辱，激发了我的斗志，或许我也有赌一口气、不怕输的心态在里面。我曾恨过W同学，而现在我却感谢他曾经对我的"激励"。因为有了这样的"激励",才让我在困难中不断前行。

【教育事例剖析】

有人说:"逆境能打败弱者而造就强者。"不仅学生在成长过程中会遇到困难,老师在教育教学中也会有困难,而我们需要迎难而上,不断前行。其实,教师的成长也是一种宝贵教育资源,一方面教师会更加懂得生活对一个人的影响,或积极、或消极,将改变一个人的一生;另一方面,教师可以真诚地与学生分享那段经历,并结合问题进行探究,引导学生正确对待、理智处理,用行动去追梦,让生命更精彩。

再给自己多一份信心。在繁花的世界中,老师也只是一粒尘埃,有喜有怒、有哀有乐,与学生无异。我们必然会遇到这样或那样的困难,而当我们面对困难的时候,我想我们不再是小孩,不是哭闹后,就会有人帮你解决,而更多的是要我们亲力亲为。无论困难大小,作为老师的我们,再给自己多一份信心,理想终将实现。

再对学生多一丝关怀。自学生入校入学开始,学生的大部分时间都将在学校,将与教师、同学一起度过。作为一个成长的个体,学生离家到校依然需要学校、家长的关怀。无论是课堂上对学生的及时反馈,还是课下与学生的充分交流,抑或是积极与学生家长沟通,再对学生多一丝关怀,让学生在学海里扬帆起航,让学生在教师引导下抵达成功的彼岸。

再对教学多一点期待。在教学中,教师面临着一系列的挑战,面对挑战,请再给自己多一点期待。教师要不断地学习先进的教育教学理论、科学文化知识,更新自己的知识、能力结构,更新教育教学方法,提高自身的基本素质和教学能力。在面对教学问题的过程中,找到解决问题的正确道路和具体办法,提升自己的教育品位、教学实践能力。

世界,因你而改变!让不可能也变成可能!

教学留给更有准备的你

【写在前面的话】

古人云:"凡事预则立,不预则废。"卡耐基曾说:机会是留给有准备的人的,不为明天做准备的人永远不会有未来。小邬同学未充分准备国庆后的主题演讲,导致其晋级失败。面对失败,小邬同学从教师提前准备德育论文的行动中,获得"灵感";面对失败,小邬同学在教师的指导过程中,得以"重生"。老师在教育教学过程中又可以提前做好哪些准备?机不可失,时不再来,机会也留给更有准备的你!

【教育事例呈现】

2018年5月14日,教育部办公厅下发《教育部办公厅关于在中小学校开展"崇尚英雄 精忠报国"主题班会活动的通知》(教基厅函〔2018〕31号)。通知指出:"为深入学习贯彻习近平新时代中国特色社会主义思想和党的十九大精神,贯彻落实《中华人民共和国英雄烈士保护法》,在广大中小学生中传承和弘扬英雄烈士精神、爱国主义精神,深入培育和践行社会主义核心价值观,请各地在中小学中组织开展一次以'崇尚英雄 精忠报国'为主题的班会活动。"按照相关安排,我校在2018年5月25日以班级为单位组织召开一次主题班会活动。

同时,为巩固"崇尚英雄 精忠报国"为主题的班会活动,我校拟于2018年秋季举办一次"向英雄致敬,为梦想添彩"主题演讲比赛。主题演讲比赛由各班先进行初赛,对学生进行初选;在此基础上,各班推荐两名学校参加学校的复赛;在复赛的基础上,进行决赛。

1. 二选一

为了公平起见，在初赛环节，班主任罗老师让报名参赛的同学各自准备不超过五分钟的主题演讲，然后学生再共同在办公室进行 PK。罗老师结合参赛学生的综合素质表现，初步选出了三个同学，其中一人已定下来推荐到学校参加复赛。另要在剩余的两人中选择一位推荐到学校参加复赛，他很纠结如何选择。经慎重考虑后，罗老师让他俩在国庆节期间结合所见所闻、广泛收集材料，对演讲内容进行打磨，假期返校后再次进行 PK。

返校后，罗老师对这两人再次进行了"面试考核"。

小蒋同学第一个演讲，他镇定自如、自信满满，思路清晰、声音洪亮、肢体语言恰当，表现得十分精彩。轮到小邬同学演讲了，他语言表达却断断续续、肢体动作比较僵硬……但他演讲的内容其实很不错。

此时，罗老师说道："结合你们这次的综合表现，小蒋同学胜出。小邬，从你的演讲内容中老师看出你做了很多准备，但小蒋发挥得更好。希望你以后能准备得更充分一些。"

此时，我看出小邬眼睛都湿润了，差点流眼泪，他有些失落地离开了办公室。

2. 崇拜您

下午，在我的课堂中，我发现平时活泼开朗、思维活跃、经常积极举手发言的班长小邬却沉默不语，表情凝重……我心想，小邬应该是没有在上午的主题演讲比赛中胜出，受到了很大的打击，还没有从"阴影"中走出来。我想我得开导开导他，找他谈谈心；加之，我是思政课教师，此次主题演讲比赛与思政课有着极大的关联，我可以借机进行引导。

下午饭后，我让他来我办公室帮我个忙。他如约而至。

我说："你在办公室电脑上帮我看看学校通知收德育论文的截稿时间具体是什么时候？"（其实我是非常清楚截止时间的）

"袁老师，截止时间是 10 月底，是 10 月 31 日。"他向说道。

"10 月底，不是 30 日，是 31 日哦，那还很早嘛。但我文章已经都写出来了，而且都修改和打磨好几次了。那我还有时间可以继续修改修改。"我笑着说道。

"啊？离上交时间还有这么久，你就已经完成了啊，还修改了好几次。怪不得，您总是拿大奖，同学们都很崇拜您呢。"

"谢谢你对袁老师的关注和赞扬。其实，机会是留给有准备的人，但机会更会留给准备充分的人。"此时，他看了我一眼，似乎明白了我话中的深意。

3. 更有准备

于是，我轻轻地问他："还在为上午的事情难过吗？"

"有一点，但我内心为小蒋高兴。"孩子真诚地回答道。

我说道："虽然你落选了，但你对竞争对手的胜出所表现出的大度是一个成功人士才具有的度量和胸怀。老师有幸见证了你的成长，为你的成长而高兴。"

接着我顺势问他："那在比赛过后，你分析过你失败的原因吗？"

"分析过。虽然我也准备了，而且准备得还比较充分，但小蒋他准备得更为充分，我现场表现也没有小蒋好。如果我更有准备，现场表现再好点，或许我也可以获胜。"他回答道。

"那今天上午，他在哪些地方比你准备得更充分呢？"我继续引导他对今天上午的失败进行具体分析。

"我发现我的演讲内容所涉及的材料都是我们学过的，或者说是大家都知道的，感觉很浅显；小蒋的演讲内容有些事例我都不知道，这让演讲更生动、更有趣……"

"我也发现我各个环节、各个部分之间的关联度不高，彼此之间感觉是拼凑起来的；同时，感觉缺乏一个核心的、统领性的东西……"

"另外，他在比赛中表现自如，自信满满，可以想象他在假期里应该是查阅过相关资料，做了充足的训练……"

"……"

小邬不断进行"复盘"，分析着相关情况……

我拍了拍他的肩膀，说道："小邬，你很优秀，也很懂事，刚才你已经很全面地分析了原因，如果时间再倒退到国庆假期，你会如何准备？"我继续问道。

……

"你为何不把坏事变成好事呢？虽然你参加主题演讲比赛没有进入到学校的复赛，你不觉得通过这次主题演讲比赛，你从小蒋身上获取到了胜利的秘诀吗？而且你不觉得通过上次与小蒋的比赛和刚才我们的谈话，你自己对这次主题演讲、对相关事件的认识又提升了一个层次吗？如果没有这一次的经历，你又怎么懂得……"

我和他不约而同地说道："机会留给更有准备的人。"小邬笑了，高兴地离开了办公室。

后来，在学校的演讲复赛名单中，我看到了小邬的名字。

4. 太棒了

某一天，罗老师在办公室说："那天过后，小邬来找过我，希望我再听他演讲一次。相比于几天前与小蒋的 PK，他当天的演讲着实让我非常吃惊，他非常流畅、非常自然、非常到位。"

"关键是小邬同学演讲的内容很有高度和深度：他以'中国梦——中华民族近代以来最伟大的梦想'为时代背景，以'站起来——富起来——强起来'为历史脉络，以'民族英雄——平凡英雄——未来英雄'为人物线索，以'忆往昔：英雄在怒吼，用血肉筑长城''续今朝：英雄在奋斗，以青春献人生''懂未来：英雄在传承，由行动续梦想'为核心内容……我十分惊喜。于是，我向学校相关负责人推荐了他，他的表现让负责人都为他鼓掌，也就拿到了特殊的复赛资格。复赛的时候，你们都来听听小邬的现场演讲哦，听了你们就知道具体情况了……"罗老师激动、认真地说道。

这家伙，居然给了我这么一个大大的惊喜。

后来，因为有其他事情，我没有到现场。但我相信，无论是在此次主题演讲复赛，还是在人生成长的其他环节中，他都会取得更加优异的成绩。

其实，教育就这么简单。教师应读懂孩子的心灵，充分抓住教育契机，智慧引渡，就可以真正走进孩子内心，并正确引导孩子认识问题、自我教育，帮助孩子走出"失败"的困境，走向成功的道路。机会留给更有准备的你，我们的教学又何尝不是这样呢？

【教育事例分享】

亲爱的读者,你是否也有类似的经历?请结合你的教育教学经历或者经验分享您的教育事例。

课题阶段性成果

该专著《进阶与境界：思政课教师教育叙事研思》是以下课题阶段性研究成果，在研究过程中，得到了课题组的大力支持，在此表示感谢。

绵阳市社会科学研究重点基地——四川绵阳未成年人心理成长指导与研究中心 2017 年度课题"内容整合与价值体现：心理健康教育在思想品德课程教学活动中的实现研究"（编号：SCWCN2017YB09）阶段性成果。

四川省高校人文社会科学重点研究基地——四川中小学教师师德研究中心 2017 年度课题"中小学教科书中师德楷模的隐性选择与价值意蕴——基于对《思想品德》课程教科书的考量"（编号：CJSD17-33）阶段性成果。

后 记

育人是教育的本质，也是每位教师的本职工作。教育的发展，离不开教师的发展，教师要结合教育理论和教育实践不断丰富自己，进而不断完善教育。思政课教师肩负着立德树人的根本任务，岗位光荣、职责神圣。

两位作者，一直在学校从事思政课教学和研究工作。一位是高校思政课教师，也是中小学思政课教学法老师；一位是中学思政课（道德与法治课）教师，同时也是一位班主任、管理者。在本书的撰写过程中，张小发老师主要承担策划、材料完善等工作，袁成老师主要负责教育工作中的材料整理、案例选取等工作。著作中的部分材料、案例在微信公众号、刊物上发布、发表过，在此基础上，本著作对相关材料、案例进行了补充、完善，以期发挥其整体价值。

本书想从思政课教师的角度来融合学科教学、德育工作，进而共同提升教育效果，落实立德树人根本任务。但我们深知必须考虑在理论上何以融合和在实践上如何融合的关键问题。同时，呈现给读者的著作还需要考虑体例上的编排，考虑可读性、接受性等问题。加之，两位作者学识有限，这也造成了在写作过程中的种种困难，未能将自己对教育的想法完全、完整地表达和展现出来，这也是遗憾之处。因此，作者不敢奢望本书的学术性、专业性，但求读者有那么一些共鸣、一些期待，这也算是作者最大的心愿了。书中存在的诸多不足，也请读者给予更多、更好的建议，以期完善。

本书更多的是作者反思自己教育教学的体现，也算是勉励新教师、与新教师一同前行的一种表达。故事中的人，可以看作著者本人，也可以看作读者自己，也可以看作身边的值得期待的人。尽管此书尚缺乏足够的理论支撑，学科教学与德育工作融合度等方面也有欠缺，但只希望读者像以往一样不以一位"看客"的身份来认识此书即可。本书写给自己，也写给大家。再多一点，再多一些……，未来由你来创造，世界因你而改变！

人生之路，始于教育；教师之职，究于学生；学生之强，国家所望。

值此著作付梓之际，感谢给予两位年轻人无私关怀和包容的各位有缘人，感谢出版社编辑的辛苦工作！祝愿每一位教师的每一次耕耘都有收获，愿每一位学生的每一次出发都有朝霞。

张小发　袁成
写于 2020 年春暖花开之时